Hans-Uwe L. Köhler

Hau eine Delle ins Universum

Hans-Uwe L. Köhler

HAU EINE DELLE INS UNIVERSUM

Wie alles gelingt, was Ihnen wichtig ist

ARISTON

MIX
Papier aus verantwortungsvollen Quellen
FSC® C014889

Verlagsgruppe Random House FSC® N001967
Das für dieses Buch verwendete FSC®-zertifizierte Papier *Alster Werkdruck* liefert Geese Papier, Hamburg.

Bibliografische Information der Deutschen Bibliothek
Die Deutsche Bibliothek verzeichnet diese Publikation in der Deutschen Nationalbibliografie; detaillierte bibliografische Daten sind im Internet unter http://dnb.ddb.de abrufbar.

Umschlaggestaltung: Hauptmann & Kompanie, Zürich
unter der Verwendung eines Motivs von: Shutterstock, New York
Satz: EDV-Fotosatz Huber/Verlagsservice G. Pfeifer, Germering
Druck und Bindung: Pustet, Regensburg
Printed in Germany
ISBN 978-3-424-20100-0

Manchmal trägt das Glück Namen:
Ille
Kristina und Karolin
Maximilian, Henriette und Jonathan

INHALTSVERZEICHNIS

Vorwort: Wie alles gelingt, was Ihnen wichtig ist!

Wenn wir ein wunderbares Fest erleben, ohne das Wunderbare genau beschreiben zu können, wenn ein Maler seinem Bild noch einen letzten Pinseltupfer hinzufügt, ohne das wir hinterher erkennen könnten, wo genau dieser Tupfer sitzt, wenn ein Sportler seine Kür präsentiert und unser Auge dabei von den Bewegungsabläufen fasziniert ist, wenn uns ein Dirigent mit seinem Orchester einen Musikgenuss außergewöhnlichster Art schenkt, den wir im Detail nicht zu beschreiben vermögen, wenn unsere Großmutter einen ihrer berühmten Kuchen backt, ohne ein Rezept zu benutzen – immer dann sprechen wir anerkennend, bewundernd, mit leuchtenden Augen von: »Das ist gelungen!«

Könnte man mit dem Wort »erfolgreich« genau die gleichen Eindrücke vermitteln?

Kann man einen Kuchen erfolgreich backen? Ist es wirklich nur das Rezept, das über den Geschmack entscheidet? Kann ein Maler ein »erfolgreiches« Bild malen – vielleicht ist seine Karriere vom Marktwert her als erfolgreich zu bezeichnen, aber ein Bild, eine Skulptur? Ein Sportler mag eine Goldmedaille gewinnen, doch was seine Kür ausmacht, bleibt häufig selbst den Punktrichtern verborgen. Würden Sie bei einer

Symphonie von einer erfolgreichen Aufführung sprechen? Und wenn die klassische Musik nicht Ihr Ding ist, wäre dann ein Konzert von Lady Gaga oder den Rolling Stones als erfolgreich zu bezeichnen?

Auf dem Weg zum Gelingen gibt es Zwischenstufen. Die vermutlich erste Stufe, die ein Mensch erlebt, ist »... ich hab's alleine gekonnt!«, dann folgt häufig »... ich hab's geschafft!«. Mit einer Fülle von Worten und Begriffen wird das Erreichen eines Ergebnisses oder Zieles beschrieben: etwas hingekriegt, die Hürde genommen, es gepackt haben, die Aufgabe bewältigt, am Ziel sein, etwas erwirkt haben, die Prüfung bestanden, die Schwierigkeit bewältigt, es fertig gebracht, es hat geklappt, es ist glatt gegangen, es ist gut geworden oder auf Kölsch: »Et hätt noch immer jot jejange!«

Anders als der Erfolg setzt das Gelingen einen gewissen Reifegrad des Handelnden voraus. Das Gelingen ist eine äußerst komplexe Empfindung. Sie setzt sich zusammen aus den vielen, mitunter auch kleinen Entscheidungen, die man fällt und die sich am Ende zum großen Bild fügen. Ferner aus Werten und Prinzipien, die dem eigenen Handeln zugrunde liegen. Aus überwundenen Ängsten, Stolpersteinen und Besorgnissen – und ganz wichtig: aus den Erfahrungen des Misslingens. Nur durch die Erfahrung des Misslingens wird es möglich, ein wirkliches Gespür für das Gelingen zu entwickeln. Gelingen ist viel mehr als die reine Addition von Fakten. Gelingen hat nichts mit richtig oder falsch oder gar Qualität zu tun. Das Gelingen ist ein tiefes Gefühl der Befriedigung, das sich aus getanen Handlungen, zurückliegenden Erfahrungen und der Gewissheit für den gelungenen Augenblick speist.

Und insofern weist dieses Buch nicht einen weiteren Weg in Richtung »besser-höher-weiter«, sondern in die andere Richtung: ein wenig tiefer in sich selbst, ein wenig langsamer auf dem Weg und ein wenig lässiger im Umgang mit den möglichen Beschwernissen auf dem Weg. Doch dieser Weg ist klar: Er wird eine Spur hinterlassen. Und wenn es sich um ein besonders gelungenes Leben handelt, dann kann es sogar vorkommen, dass das Universum erschüttert wird und eine Delle als Dokument dieses Ereignisses zurückbleibt.

So, und nun lassen Sie uns auf die Reise gehen. Es gibt etwas Wunderschönes zu entdecken!

Kapitel 1

VON DER LUST AM LEBEN

Man muss ins Gelingen verliebt sein,
nicht ins Scheitern.

Ernst Bloch

Auf in den Kindergarten!

Kommen Sie, wir besuchen gemeinsam einen Kindergarten! Am einfachsten, wir setzen uns in eine Ecke und beobachten die Szene. Achten Sie nur auf die Kinder und ihr Tun. Es ist laut und quirlig. Dieses Laute ist kein Krach, die Zwerge teilen sich mit. Sie haben alle etwas zu erzählen, zu berichten, auf Entdecktes hinzuweisen.

Henriette ist ein Jahr und 5 Monate alt, als sie auf dem Schoß ihres Vaters am Klavier sitzt. Dabei zeigt sie auf den Schriftzug des Herstellers Schimmel, genau auf das C und sagt: »Mond!« Genau, ein Halbmond, wie sie ihn wahrscheinlich in einem Geschichtenbuch schon oft gesehen hat. Sehen Sie auch den abnehmenden Halbmond im »C«?

Wenn Sie diese Kinder sehen, die lachen, springen, hüpfen, vor Bewegungsdrang nicht still sitzen können, ständig reden, andere schupsen oder ziehen, schnell zwischen Spielecken und Gruppen wechseln wollen, dann wieder aus dem Stand heraus heulen können, kurz danach wieder neugierig sich mit der nächsten Aktion befassen, mit Lust klettern und krabbeln, musizieren und Purzelbäume schlagen, malen und klecksen, kneten und klatschen ... Es will kein Ende nehmen ...

Wie würden Sie diese Menschen beschreiben? Motiviert? Glücklich? Neugierig? Begeistert?

Lassen Sie uns genauer hinsehen. Glauben Sie, dass Kinder spielen? Das Wort »spielen« ist falsch, trifft nicht den Kern. Es wäre aber auch falsch zu behaupten, sie würden arbeiten. Sie entdecken das Leben. Und das kann sehr, sehr anstrengend und mühevoll sein …

Sehen Sie sich einmal an, wie ein Kind laufen lernt. Wenn man das in einem Zeitraffer zeigen könnte, dann würde man folgendes sehen: Kind kann sitzen. Durch diesen Perspektivenwechsel vom Liegen und Krabbeln zum Sitzen stellt es fest, dass es noch viel mehr Dinge gibt, die es zu entdecken gibt – doch zunächst unerreichbar. Es folgt nun der Versuch, sich an allen möglichen Möbelteilen oder Menschenbeinen hochzuziehen – bis das Kind steht. Ja, und dann mit allem Mut oder grenzenloser Ahnungslosigkeit läuft es irgendwann los.

An dieser Geschichte stimmt etwas nicht. Es fehlt die helfende Hand! Ob Mutter, Vater, Großeltern oder Geschwister, irgendjemand reicht dem kleinen Menschen die Hand und hilft. Doch das ist nicht das Wichtigste – wichtig sind die ermunternden Worte und Blicke. Unter der Voraussetzung, dass das Kind körperlich und geistig gesund ist, wird es irgendwann Laufen können, das mag schnell gehen oder länger dauern, aber was sind schon ein paar Tage oder Wochen? Wissen oder ahnen Sie, wie stolz und glücklich Ihre Eltern waren, als Sie Ihre ersten Schritte gingen? Ihr Großvater hat vor Stolz für Sie als Jungen schon eine Fußballerkarriere erahnt oder Sie als kleines Fräulein auf dem Laufsteg in Paris und Mailand gesehen!

Und lassen Sie uns ein Detail nicht übersehen: die Windel zwischen den Beinen! Könnten Sie sich vorstellen, wie Laufen geht, wenn Sie als Erwachsener eine Windel tragen müssten, die in der Größenproportion der Windel eines Kleinkindes entspräche? Viel Spaß! Sie kämen mit dem eigenen Hintern noch nicht einmal hoch!

Reden wir ein wenig über das Sprechenlernen. Hier wiederholt sich die Geschichte auf ähnliche Art und Weise. Versuchen Sie mal, sich ohne Zähne zu artikulieren! Speichel tropft aus dem Mund, weder Zunge noch Stimmbänder gehorchen. Eltern können nur erahnen, was da gesagt oder gemeint ist. Und was macht die Mutter?

Sie wird dem Kind das Sprechen beibringen. Durch ständiges, liebvolles Korrigieren und Ermuntern gelingt es dem Kind jeden Tag, in jedem Augenblick, noch besser verstanden zu werden.

Und wie war das mit dem Essen? Auch hier, das erste selbstständige Halten des Fläschchens, ein Glücksmoment! Das Füttern, ein einziges Verschmieren von Brei. Immer wieder die Ermunterung: »Komm, noch ein Löffelchen!« Dann das »Herumgefuhrwerke« mit dem eigenen Löffel zwischen Teller und Mund. Und egal wo der Brei landet – selten da, wo gewollt – kein böses Wort, nur Ermunterung, Zustimmung, Anerkennung. Selbst eine Ermahnung: »Nun pass doch auf!« lässt keinen Zweifel an geschenkter Liebe und herzlicher Fürsorge aufkommen.

Laufen, sprechen und essen zu können ist die Gewissheit, im Leben willkommen zu sein! Kleine Menschen erlernen ja nicht nur laufen, sprechen und essen. Sie lernen, wie Beziehungen entstehen und wachsen! Sie entdecken und entwickeln eine neue »Nabelschnur«. Die erste, die für neun Schlüsselmonate gebraucht wurde, hat ihre Funktion erfüllt. Jetzt wächst eine neue Verbindung, die etwas Paradoxes ermöglicht: durch ihre immaterielle Art ermöglicht sie die Gewissheit der Verbundenheit und die Möglichkeit der Freiheit! Der Nährstoff für das Wachsen dieser neuen Nabelschnur besteht aus Anerkennung, Aufmerksamkeit und der Gewährung von Schutz. Und so erfährt jeder Mensch die Gewissheit, dass er nicht alleine ist.

In der Sandkiste oder am Strand können Sie etwas Interessantes beobachten: Sobald Menschen den Sand sehen oder berühren, werden augenblicklich die Hände oder Füße aktiv. Ohne jedes Werkzeug wird Sand verformt; entweder in kleine Türme, die dann immer mehr wachsen, sehr bald werden Wälle oder Gräben hinzugefügt, um sie dann idealerweise mit Wasser zu fluten. Oder die Menschen zeichnen – Kreise, Linien und alle möglichen Figuren – in den Sand.

Doch warum tun sie das, völlig altersunabhängig? Sie drücken sich aus. Man muss hier vor Freude an der deutschen Sprache einen kleinen Halt machen: sich aus-drücken! Da ist also etwas in den Menschen, das herausgedrückt werden will. In der »Spiel-mit-dem-Sand«-Metapher steckt noch ein ganz besonderes Geheimnis: etwas »zu tun« ist wie ein Spiegel, der dem Menschen sein Selbstbewusstsein schenkt.

Es ist der Wunsch, zu gestalten, zu formen. Es ist der Urgedanke, dass man Ideen, Wünschen und seinen Phantasien Gestalt geben kann. Dieser Urgedanke des Gestalten-Könnens ist unmittelbar verbunden mit dem Wunsch des Gelingens.

Laufen lernen ist an sich schon ein Vergnügen; gut zu beobachten, wenn kleine Menschen bei jedem Schritt, und sei er noch so wackelig, vor Glück quicken. Doch tatsächlich gibt es kein finales »Jetzt-kann-ich-laufen-Gefühl«. Kaum wird das Laufen an sich gekonnt, wird nach weiteren Möglichkeiten des Gelingens von Laufen gesucht. Schon kleine Menschen versuchen sich im Wettlauf. Andere variieren das Laufen durch Hüpfen. Komplizierte Turnübungen sind häufig Ausdruck eines stetigen Wunsches nach Gelingen. Andere versuchen das Laufen auf einem Seil mit dem Gelingen zu krönen. Tanzen setzt das Laufen-Können voraus. Selbst Radfahren und Schwimmen sind nichts weiter als andere Formen des Laufen-Gelingens. Und noch etwas: Selbst am Ende aller Tage sind

Menschen noch froh, wenn ihnen wenige Schritte des Laufens gelingen. Die Geschäftsideen von Treppenlift und Rollator erzählen von dieser Sehnsucht.

Den Kindergarten und den Strand haben wir ja schon längst verlassen. Ich möchte Sie gerne an einen weiteren Ort des Gelingens führen – in ein Konservatorium.

Wenn ein Genie übt, klingt das grässlich!

Professor Gernot Schulz, international gefragter Dirigent – ehemaliger Assistent Leonard Bernsteins und Sir Georg Soltis – der an der Hamburger Musikhochschule studierte, seine musikalische Laufbahn als Schlagzeuger bei den Berliner Philharmonikern begann und dort noch Herbert von Karajan als Chef erlebte, erzählte mir die folgende Geschichte:

> »Wenn Sie durch ein Konservatorium gehen und nach den zukünftigen Stars der klassischen Musik Ausschau halten wollen, dann gehen Sie nicht in die Räume, aus denen es schön klingt. Mit großer Wahrscheinlichkeit entwickelt sich da kein überdurchschnittlicher Könner, denn hier spielt nur jemand Stücke, die er kann. Gehen Sie dorthin, wo es Ihren Ohren regelrecht wehtut. Dort übt jemand an für ihn schwierigen und großen Herausforderungen. Dessen Karriere könnte gelingen!«

Ich werde Ihnen später noch mehr von meinem Lehrberuf erzählen. Ich bin gelernter Zahntechniker, wenn auch nur durchschnittlich begabt. Ich erinnere mich noch an einen Kollegen, der immer ein wenig traurig aussah, wenn er sich von seiner fertigen Arbeit trennen musste. Er neigte seinen Kopf und schob die Arbeitsschale eher zögernd dem Meister zu. Nicht weil er Angst vor dem Urteil hatte – er wurde jedes Mal in den höchsten Tönen gelobt – sein Werkstück bestand aus einer Reihe von Schritten, die zunächst gelingen mussten, und diese Augenblicke spürte er als zärtliche Eindrücke. Nun hieß es, das Werkstück loszulassen. Doch wer gibt schon gerne Gelungenes her?

Lassen Sie uns einmal bei dem Geigenbauer Karl Montag vorbeischauen. Dazu müssten wir allerdings in die Zeit um 1969 zurückreisen – aber warum sollte das nicht möglich sein. Montag war Musiker und Maler – und er wurde mein philosophischer Lehrer.

Völlig verarmt begann er 1957 mit 40 Jahren im Selbststudium mit dem Geigenbau. Doch seine Idee war nicht nur Geigen bauen zu wollen, er wollte Geigen bauen, die wie die Violinen der großen Meister aus dem italienischen Cremona klangen – wie eine Amati oder eine Stradivari eben! An seiner ersten Geige arbeitete er 7 Jahre. Nicht, weil er es nicht konnte; nein – das, was er wollte, gelang nicht. An seinen späteren Geigen arbeitete er immerhin noch mindestens jeweils ein ganzes Jahr. Er veränderte seine Geigen während der Herstellung immer wieder, baute sie auseinander, hobelte kleinste Partien Holz ab, um ganz bestimmte Töne zu beeinflussen. Sein besonderes Augenmerk galt den Lacken. Er studierte und probierte Lacke und war vergnügt unzufrieden. Er hätte, um aus seiner Not herauszukommen, viel mehr Geigen bauen und verkaufen können! Doch darum ging es ihm nicht. Am Ende seines Lebens, 1984, hatte Karl Montag genau 19 Geigen gebaut – und eine unvollendete. Und es sollte ihm tatsächlich gelingen, dass Experten wie David Oistrach seine Instrumente in höchsten Tönen lobten und – spielten! Es war gelungen.

Kommen Sie weiter, wir besuchen einen Baumarkt. Schauen Sie sich die Menschen an, die hier einkaufen. Ihre möglichen

Motive sind einfach: Die einen kommen, weil sie sich einen ordentlichen Handwerker nicht leisten können, also müssen sie es selbst irgendwie hinkriegen. Damit sie das glauben können, erzählt ihnen die Werbung: »Wenn's gut werden muss.« Andere kommen, weil der Auftrag für einen Handwerker viel zu klein wäre. Und natürlich kommen auch Kunden in den Baumarkt, weil Sie einfach glauben, es ohnehin besser zu können als alle anderen. Doch es gibt noch eine weitere Gruppe: Die, die das Gelingen erleben wollen!

Genau dieses Thema wurde in einem Werbespot aufgriffen. Die Szene ist denkbar simpel: Ein Mann baut eine Gartenhütte und nagelt Bretter zusammen. Also profaner geht es wirklich nicht. Doch mit dem Ausholen des Hammers und dem Zuschlagen auf den einen Nagel verändert sich seine gesamte Wahrnehmung: kleine Engel umschwirren ihn mit sphärischer Musik, der erhobene Hammer und das Niedersausen auf den Nagelkopf wird optisch zum finalen Weltereignis mit ekstatischem Gejubel vom Publikum gefeiert – davon träumen kleine Jungs – auch wenn sie die 50 schon längst hinter sich gelassen haben!

Wir sollten uns noch die Zeit nehmen, einen Abstecher in einen Zirkus zu machen. Haben Sie schon einmal gehört, wie in einem chinesischen Zirkus eine Nummer angekündigt wird? »Möge die Übung gelingen!«. Das ist doch genial! Da wird nicht gerufen: »Und jetzt kommt der weltberühmteste und allergrößte und obertollste Super-Mega-Star!« Nein – ganz bescheiden: »Möge die Übung gelingen!« Also keine Präsentation, sondern eine Übung, die eben auch schief gehen kann. Und jetzt verstehen Sie auch, warum es in der Welt der Profis nicht darum geht, in seiner Art »vollkommen« zu sein, dass es aber sehr wohl eine Tugend ist, nach »Vervollkommnung« zu streben und daran zu arbeiten.

Zum Schluss unserer kleinen Ausflüge müssen wir unbedingt noch bei einem Uhrmacher vorbeischauen. In der Uhrmacherei gibt es einige Besonderheiten, die für unser Thema des Gelingens wichtig sind. Es gibt Uhrmacher, die sich auf die Reparatur von mechanischen Uhren spezialisiert haben. Nun, es geht nicht darum, »kaputte« Uhren wieder zum Laufen zu bringen. Das ist viel zu kurz gedacht. Es geht vielmehr um das Verständnis für eine Uhr, um die Entdeckung ihrer inneren Zusammenhänge. Erst wenn diese verstanden werden, ist es möglich, das Teil herzustellen, das fehlerhaft oder defekt war. Dass die Uhr am Ende wieder korrekt läuft ist natürlich Sinn und Zweck der Arbeit, doch das Vergnügen am Gelingen liegt *vor* dem finalen Ergebnis.

Eine weitere Besonderheit bei Uhrmachern besteht darin, dass einige von ihnen es lieben, sich das Leben so richtig schwer zu machen. Im Ernst, wir leben doch heute in einer Welt, in der es uns darum geht, die Dinge zu vereinfachen, die Anfälligkeiten für dies und das zu reduzieren und die »Prozesse« zu optimieren – aber es denken eben nicht alle so. Uhrmacher suchen die besondere Herausforderung dadurch, dass sie versuchen, eine Uhr noch komplizierter zu machen. Sie muss mehr können, als nur die Zeit präzise zu messen. Stellen Sie sich vor, die Uhrmacher bei Patek Philippe haben anlässlich des 150-jährigen Bestehens ihres Unternehmens eine Uhr mit dem Namen *Calibre 89* geschaffen: 1728 Einzelteile in einer einzigen Uhr, um damit 33 Komplikationen darzustellen! Und das freiwillig. Weltrekord.

Alle Menschen, die wir gemeinsam auf dieser kleinen Reise getroffen haben, sind sich in einigen Punkten gleich, oder doch sehr ähnlich: Natürlich verfolgen alle mit ihrem Tun ein spezielles Ziel, ein Ergebnis. Und sie haben eine weitere Gemeinsamkeit – sie erleben die Schritte zum Gelingen als Bereicherung.

Doch genau das ist längst nicht bei allen Menschen so!

Gehen wir doch noch einmal in den Kindergarten. Sind wir uns bei der Beobachtung der kleinen Menschen darin einig, dass diese Rasselbande höchstvergnügt, optimistisch und neugierig auf die Entdeckung ihrer Welt ist? Frage: In welchem Zustand finden wir die gleichen Menschen wieder, wenn sie ihren 30. Geburtstag feiern? Warum werden so viele von ihnen in einen Zustand abgleiten, den letztendlich niemand will, die kleinen Menschen selbst am allerwenigsten, und der doch so unvermeidlich erscheint? Warum werden sie ihren Enthusiasmus verlieren?

Ihre Kinder sind keine Superstars!

Als liebender Vater und Großvater darf ich doch offen mit Ihnen reden? Also, Ihr Kind ist kein Supertalent, auch kein noch zu entdeckender Albert Einstein. Es ist auch nicht außerordentlich-super-extrem-sensibel. Machen Sie Ihren Frieden damit.

Sie meinen, Ballettunterricht für Ihr Kind sei notwendig? Ja, wenn es Ihnen darum geht, dass Ihr Kind selbstsicher wird und seine Koordinierungsfähigkeiten trainieren kann, einverstanden. Und dann spielt es auch keine Rolle ob Mädchen oder Junge. Nur das mit dem Pas de deux sollten Sie zunächst vergessen. Wenn Ihr Kind Talent hat, wird es das selbst entdecken.

Klavierunterricht ist nur dann sinnvoll, wenn Ihr Kind qualifiziert musizieren will. Und wenn es das will, dann muss auch ein Schlagzeug möglich sein. Auch eine Unterstützung im Mathematikunterricht in der 1. Klasse ist gelinde gesagt Quatsch. Und wenn es in der 2. Klasse in Han-Chinesisch ein wenig nachhinkt, dann sagen Sie sich einfach: 什么是地狱 – Shénme shi diyu! – Was soll's!«

Ihr Kind ist schlicht und einfach liebenswert normal!

Noch etwas: Ihr Kind leidet nicht unter so etwas wie einem ADHS-Syndrom, und versuchen Sie nicht automatisch mit *Ritalin* Ihr Kind ruhigzustellen. Wie wäre es denn damit, dass

Sie das Kind einfach vor die Tür lassen und akzeptieren, dass es die Welt entdecken muss.

Tja, und das mit dem Abitur? Kann man machen. Ob Ihr Kind dadurch glücklich wird? Keine Ahnung, manchmal nicht. Haben Sie schon einmal darüber nachgedacht, was den Unterschied zwischen Bildung und Abitur ausmacht? Können Sie sich vorstellen, dass ein Jurastudium das spätere Taxifahren nicht erträglicher macht? Vielleicht sollten Sie Ihr Kind selbst entscheiden lassen.

Und das muss ein Kind so früh wie möglich lernen. Es muss die Möglichkeit bekommen, Entscheidungen zu treffen, um ein gewünschtes Ergebnis genießen oder eine entstandene Konsequenz ertragen zu können. Wenn ihr Kind erst als Jugendlicher daran geführt wird, kann es deutlich zu spät sein.

Wenn Ihre Tochter nur noch in Reiterstiefeln schlafen kann, dann müssen Sie ihr noch kein Pferd kaufen, aber lassen Sie sie weiter den Stall ausmisten; das legt sich plötzlich kurz nach dem 14. Geburtstag. Fahren Sie Ihr Kind nicht zum Sporttraining. Wenn es das wirklich will, findet es einen Weg.

Helfen Sie Ihrem Kind zu entdecken, dass 1.000 Facebook-Kontakte nichts sind im Vergleich zu einem Zeltlager bei den Pfadfindern, dass der Mannschaftssport im Sportverein viel mehr Spaß macht, als auf einer Computer-Console herumzuhacken, dass selbst im Kirchen- oder Gospelchor zu singen inspirierender ist als ein MP3-Player – sogar die katholische Landjugend ist aufregender als Fans aus dem Nirgendwo. Und wenn heute Kinder angeblich täglich 3 Stunden mit ihrem Handy beschäftigt sind, dann haben wir ziemlich genau die Wegstrecke vor uns, die Kinder von einem gelungenen Leben trennen!

Um das alles abzurunden: Sie sind nicht der Ersatzlehrer der Schule. Sie haben weder von Pädagogik noch von Didaktik eine Ahnung. Aber was Sie machen könnten, wäre, Ihr Kind gut zu erziehen. Durch Liebe und gutes Beispiel – also schnell noch einmal das eigene Verhalten überprüft. Sie müssen kein Vorbild sein – lassen Sie sich nicht so einfach überfordern! Allerdings sind wir immer ein Bild. Und das heißt, wir werden betrachtet und beurteilt, manchmal wohlwollend, auch misstrauisch und wenn es schiefgeht, missachtend.

Und denken Sie hin und wieder daran, dass Sie selbst mit hoher Wahrscheinlichkeit einmal Kind waren.

Leben Sie rücksichtslos!

Wenn du dieses Buch im Alter von etwa 6 Jahren liest (oder lesen könntest, und deshalb duze ich dich jetzt auch), dann würdest du deinen Gemütszustand mit »voller aufgeregter Hoffnung« umschreiben! Hüte dich vor deinen Eltern, die du liebst, deinen Lehrern, die du bewunderst und verehrst und den Priestern, von denen du vermutest, sie sprechen zu dir im Namen Gottes! Tatsache: Sie meinen es gut mit dir. Doch sei vorsichtig – deine Liebe macht dich blind!

Schon mit 16 Jahren hat sich die Situation dramatisch verändert. Sie sollten jetzt alles tun, um sich der gezielten De-Motivation Ihres gesamten Umfeldes zu entziehen! Vergessen Sie nie: Sie haben einen biologischen Vorteil unschätzbarer Art: Sie sind jung! Sagen Sie den Menschen vor Ihnen: »Leute, ich lege keinen Wert auf ein Leben aus zweiter Hand! Lasst mich atmen, lasst mich lieben und das Leben ausprobieren, ich bin eure Zukunft!«

Sollten Sie dieses Buch mit 36 Jahren lesen, dann kann ich mir gut vorstellen, dass Sie nicht auf die Idee kommen werden, Ihren Freiheitsgrad zu überprüfen. Wie viele Kompromisse mussten Sie bis jetzt schon eingehen? Vermutlich glauben Sie, die Szenerie zu beherrschen, zumindest aber zu durchschauen. Zu Ihrer Information: In meinem Büro hängt das friesische

Wappen mit dem Slogan: *Liewer düd as Slaw!* Lieber tot, als eines anderen Sklave sein – Köhlers heiligster Wert!

Ah, Sie stecken mitten drin im Leben – so zwischen 46 und 56 Jahren. Jetzt ist die Frage, ob das, was Sie besitzen, Sie einengt oder befreit? Viele fangen zu diesem Zeitpunkt an, eine generelle Inventur zu machen. Diese Inventur ist nur dann sinnvoll und zielführend, wenn Sie sich die Frage stellen, was aus Ihren Träumen geworden ist. Kapieren Sie endlich, dass es nicht um Ihr Reiheneckhaus geht!

Mit 66 Jahren haben Sie es fast geschafft! Als Hüter der Wahrheit können Sie sich die Frage stellen, wer Ihre Ziele bestimmt? Mit 66 Jahren könnten Sie folgende Zwischenbilanz ziehen: das Geld, das Sie bis jetzt nicht verdient haben, kommt auch nicht mehr. Freunde, die Sie bis jetzt nicht gewonnen haben, werden Sie auch nicht mehr finden. Sie könnten jetzt endlich das tun, was Sie schon immer wollten, denn es kann Ihnen doch nun völlig egal sein, was man von Ihnen hält! Oder sind Sie immer noch von der guten Meinung Ihres Nachbarn oder ehemaligen Kollegen abhängig? Also: Leben Sie endlich rücksichtslos – vielleicht wird es dann ehrlich. Wenn Sie Glück haben, finden Sie ein Menschenkind, das Ihnen zuhört. Gratulation!

Eine kleine Schaufel Sand reicht!

Stellen Sie sich das folgende Bild einmal vor: eine wunderschöne Wasserquelle! Klares, kühles Wasser strömt aus dem Felsen und ergießt sich in einen Bach, von dem man jetzt schon ahnt, dass er sehr bald zu einem starken Fluss und womöglich sogar zu einem großen Strom anschwellen wird.

Doch dann geschieht das Unglaubliche: Immer wieder kommt jemand vorbei und wirft mit einer kleinen Schaufel etwas Sand in diese Quelle. Mal mehr, mal weniger. Mal seltener und mal häufiger. Meistens reicht die Kraft der Quelle, um sich selbst zu reinigen. Doch es verkeilen sich immer wieder einige Sandkörner, und ganz langsam, fast unmerklich lässt das Sprudeln der Quelle nach. Und irgendwann, nach vielen, vielen Jahren reicht dann eine letzte Schaufel Sand, um diese ehemals so kraftvolle Quelle einzubetonieren! Das war's.

Lassen Sie uns das Bild konkretisieren: Diese Quelle entspringt nicht einem Felsen – sondern sie kommt aus uns heraus, wir sind die Quelle!

Doch was sind das für Sandkörner? Woraus sind sie gemacht? Und wer hat die Schaufel in der Hand?

Es war am Vorabend meiner Konfirmation, als man uns (Konfirmanden) zur Beichte einlud. Ich erinnere mich nur zu genau an diese Veranstaltung! Es stellte sich nämlich heraus, dass es nicht um meine »persönliche Schuld« ging, die ich in den ersten 14 Jahren meines Lebens möglicherweise angehäuft hatte und die nun zu beichten gewesen wäre. Vielmehr wurde uns klargemacht, dass wir als Menschen prinzipiell schuldig seien. Ich war absolut empört!

Wie konnte man uns in dieser Stunde erzählen, dass wir alle zusammen und das auch noch prinzipiell als Menschenkinder schuldig seien? An allem? Ist die Konfirmation nicht die Aufnahme in die kirchliche Gemeinde, die Bestätigung der Taufe? Und als Begrüßungsgeschenk gab es diese Offenbarung!

Wir waren voller Hoffnung und Freude auf unser wachsendes, zunehmend erwachsenes Leben – und dann das! Ich habe nie wieder beim Beten meinen Kopf gesenkt.

Lassen Sie uns einen Augenblick beim »Inneren Kind« verweilen. Dieser Begriff wurde vom US-amerikanischen Philosophen, Theologen, Psychologen und Autor John Bradshaw geprägt. Bradshaw und seine Mitautorinnen Erika Chopich und Margareta Paul entwickelten eine modellhafte Betrachtungsweise, um tiefenpsychologische Prozesse sehr populärwissenschaftlich darzustellen. Von ihnen stammt der Gedanke, dass das Erwachsenen-Ich eine kindliche Entsprechung hat, durch dessen Würdigung der liebevolle Umgang mit sich selbst möglich wird.

Unser inneres Kind macht eine Vielzahl positiver Erfahrungen wie Staunen, Lebendigkeit, ganz im Hier und Jetzt zu sein. Dabei lebt es seine kindliche Neugier und die unglaubliche Begeisterungsfähigkeit für seine Welt aus. Andererseits entdeckt es aber auch seine Verwundbarkeit, spürt Verletzungen und Zurückweisungen.

Dass beides erlebt wird, ist wahrscheinlich, eine erforderliche Erfahrung. Es gibt allerdings ein Problem: Es ist nicht möglich, nur die negativen Erfahrungen mit ihren schlimmen

Gefühlen auszublenden – gleichzeitig wird auch der Zugang zu den positiven Gefühlen gesperrt. Und das ist genau der Punkt!

Hier einige Schaufeln mit ein wenig Sand, die Sie vielleicht kennen:

- Welchen Einfluss hat es, wenn ein Kind entdeckt, dass es nicht gewollt ist? »Du bist der Irrtum einer Nacht!«
- Was denkt ein Drittklässler, wenn er im Religionsunterricht erfährt. »Der Mensch ist von Grund auf böse!« 1 Mose 8,21
- »Wenn du ein schlechtes Zeugnis bekommst, dann hat dich der Papa nicht mehr lieb!« Dann kann man sein Kind auch gleich verdreschen.
- Kind fragt Mama: »Was wünschst du dir zum Geburtstag?« Antwort: »Ein artiges Kind.« Kein Kind der Welt kann mit solch einer Ansage sein Verhalten entwickeln. Wenn es gut geht, vergisst es diese Bemerkung – und wenn es schiefgeht, dann landet eben wieder eine Schaufel Sand in der Quelle.
- Beim Auswählen, wer in welcher Mannschaft mitspielen darf oder soll, bleibt Jürgen immer als Letzter übrig …
- Beim Verteilen der Klassenarbeit, ein vielsagender Blick und der Kommentar des Lehrers: »Von dir habe ich auch nichts Besseres erwartet.«
- Da sitzen sie also: 80 Abiturienten mit freudigen Gesichtern – es ist ihre große Feier! Doch dann muss dieser unsägliche Schulmeister reden: » … Euch wird die Gesellschaft eure Illusionen und Ideale noch austreiben!« So geschehen im Jahre 2012 im Allgäu!

Und hier noch einige Glaubenssätze, die Ihnen vielleicht bekannt vorkommen:

- »Ich wäre gerne ein anderer.«
- »Im Grunde meines Wesens bin ich schlecht.«
- »Es ist egoistisch, wenn ich nur an mein eigenes Glück denke.«
- »Ich will niemanden enttäuschen.«
- »Kinder sollten ihre Eltern lieben.«

Der amerikanische Management-Autor Dan Roam erzählte anlässlich einer Konferenz-Rede in Redwood City von folgender Beobachtung: »Wenn Sie kleine Menschen im Kindergartenalter von 4 bis 5 Jahren fragen: »Wer von euch kann malen?«, dann heben alle ihre Hand. Wenn Sie fragen: »Wer von Euch kann schreiben?«, dann sind es nur ganz wenige. Stellen Sie die gleichen Fragen den Menschen 10 Jahre später, dann ist das Ergebnis völlig anders: Kein Jugendlicher behauptet von sich, er/sie könne malen – allerdings können alle lesen und schreiben.«

Vermutlich ist es so: Lesen können heißt nicht, Inhalte verstehen zu können. Und schreiben können, bedeutet nicht zwangsläufig, sich auch ausdrücken zu können. Und malen? Ob jeder zur künstlerischen Handlung befähigt ist, mag bezweifelt werden. Aber die Freude an der kreativen Ausgestaltung einer Idee, eines Gefühls, das sollte doch erhalten werden können. Wenn da nicht dieser unsägliche Vergleich mit schon bestehenden Werken wäre … Und so mancher kleine Maler verzweifelt an seinem Genauigkeitsanspruch.

Eine Frage habe ich noch: Können Sie singen? Wie, nein, Sie können wirklich nicht singen? Sie konnten mal singen! Und wie! Laut, hell, voller Freude – es war für die Ohren anderer vielleicht ein Graus –, aber für Sie war es toll! Noch heute summen Sie manchmal oder pfeifen eine kleine Melodie.

Was ist passiert?

Ganz einfach: Sie mussten in der Schule vorsingen. Und dafür gab es eine Note. Fertig. Es heißt doch schließlich auch Musikerziehung.

So bekommen Sie Ihre Quelle wieder frei!

Angenommen, Sie hätten die Aufgabe, eine versiegte Quelle in einem Felsen wieder freizulegen. Wie würden Sie vorgehen? Den Sand auf der Oberfläche wegpusten? Mit einem kleinen Messerchen vorsichtig kratzen? Mit einem Bohrer mal gucken, wie dick die Betonschicht inzwischen ist?

Es mag zugeschüttete Quellen geben, da reicht eine so vorsichtige Maßnahme. Doch die anderen zubetonierten Quellen brauchen wahre Sprengkraft, um wieder sprudeln zu können!

Man muss sich das bildlich vorstellen. Da lebt so ein Mensch vor sich hin, irgendwie. Er wird dabei das Gefühl nicht los, das irgendetwas nicht stimmt. Ihm ist nicht wohl. Die trockene Quelle macht Lebensdurst. Doch wovon trinken? Woraus schöpfen? Manchmal kann es Jahre dauern, bis jemand entdeckt, dass sein Leben staubtrocken ist. Und es kann genauso lange dauern, bis der Wunsch nach frischem Wasser, nach Aufbruch sich den Weg freischaufelt.

Außenstehende wundern sich dann, wenn es plötzlich zu dramatischen Veränderungen in den Lebensentwürfen kommt. Berufswechsel, neue Hobbies oder kleine Liebschaften sind noch die harmloseren Formen. Wirtschaftlicher Niedergang, dramatische Krankheitsverläufe, radikales Verwerfen aller bisher gültigen Werte sind täglich in unserer Gesellschaft zu beobachten. Sie sind die letzten Warnsignale, bevor die Quelle implodiert!

Wenn Sie das Gefühl haben, Sie stecken bis zum Hals fest im Beton, dann gibt es genau die folgenden Möglichkeiten:

- Sie vertrocknen im Sand der kleinen Schaufeln.
- Sie ersticken in Ihrer Bewegungslosigkeit.
- Sie werden in einem ungeordneten Rundumschlag mit zerstörerischer Kraft alles niederwalzen, was sich in diesem Augenblick sehen oder spüren lässt.
- Sie ergreifen komplett die Initiative, und machen in kluger Konsequenz das Gegenteil von dem, was Sie bisher unternommen haben, ohne darauf Rücksicht zu nehmen, was andere dazu sagen, ohne sich zu vergewissern, ob das nun richtig ist, und vernachlässigen alle wirtschaftlichen Bedenken!

Es gibt natürlich Fälle, da braucht man professionelle Hilfe. Übrigens, kein Mensch geniert sich, mit einem verstauchten Knochen oder einem verklemmtem Darm zum Arzt zu gehen! Also, wenn Ihre Seele, ihre Persönlichkeit Schaden genommen hat, Ihre Quelle »verstopft« ist, dann holen Sie sich doch bitte professionelle psychotherapeutische Hilfe!

Du bist gut!

Davor können Sie aber auch schon selbst etwas tun. Es sind 4 kleine Gedanken, die Sie selbst denken könnten, um sich zu befreien.

Beginnen Sie doch mit dem folgenden Satz:
»Vielleicht ist es ganz gut so, wie ich bin!«
Wenn Sie das so nach einigem Nachdenken akzeptieren könnten, dann wäre der nächste Gedanke:
»Es ist ganz gut so, wie ich bin!«
Lust auf den nächsten Schritt?
»Es ist gut so, wie ich bin!«
Zum guten Schluss:
»So wie ich bin, bin ich gut!«

Damit ist bestimmt nicht der gesamte Sand aus der Quelle entfernt. Dennoch, wer sich an die Arbeit macht, diese vermaledeiten Sandkörner zu entfernen, der könnte seine Quelle wieder zum vitalen und jugendlichen Sprudeln bringen.

Frei nach dem Zitat Erich Kästners: »Es ist nie zu spät für eine glückliche Kindheit!« könnten Sie beginnen, einige Ihrer

Glaubenssätze zu überprüfen und gegebenenfalls durch andere, hilfreichere Glaubenssätze ersetzen:

- »Ich darf glücklich sein, weil es Ausdruck meiner Selbstverantwortung ist!«
- »Ich bin offen für Veränderungen in meinem Leben!«
- »Ich bin stark genug, für mich selbst die volle Verantwortung zu übernehmen!«
- »Ich darf verspielt, neugierig, albern, sensibel und lebendig sein!«
- »Ich darf auch traurig und zornig sein, denn durch meine Selbstliebe weiß ich, dass alle Gefühle elementare Teile meiner selbst sind!«
- »Ich bin schön, ich bin weise, ich bin klug, ich bin stark und ich habe das alles selbst entdeckt!«

Fatal: Ein falsches Leben gelebt!

Immer wieder kommen Menschen nach einem Vortrag oder während eines Seminares zu mir und erzählen eine Geschichte, die mich jedes Mal aufs Neue erschüttert: Sie berichten, und manchmal gestehen sie regelrecht, dass sie, aus welchen Gründen auch immer, den falschen Beruf ergriffen haben oder glaubten, ergreifen zu müssen.

Und es ist gar nicht so offensichtlich, zu erkennen, ob jemand den »falschen Beruf« hat oder nicht. Oft sieht alles ganz harmlos, ja, geradezu normal aus.

Schauen wir deshalb einigen Menschen bei ihren Berufen »über die Schulter«.

Fangen wir in einer U-Bahn an. Hier finden wir Hildegard, eine barmherzige Frau. Doch weil die Zeiten nun einmal so sind, wie sie sind, muss man nehmen, was man bekommt. Und so landete Hildegard im öffentlichen Nahverkehr und arbeitet als Kontrolleurin. Was glauben Sie? Ist sie glücklich? Schreibt sie viele Strafanzeigen? Wird sie je Anerkennung finden?

Harald ist ein schwieriger Fall. Als technischer Zeichner gescheitert. Eine Ausbildung zum Buchhalter hat er abgebrochen. Als er in einem Strukturvertrieb Karriere machen wollte, blieb er auf den eigenen Produkten sitzen. Er liebt es, in seiner Stammkneipe einen auszugeben, doch meistens hat er dafür kein Geld.

Jessica arbeitet als Pharmareferentin. Sie ist Expertin im Bereich Onkologie. Sie hat das Studium der Medizin abgebrochen, wollte mit ihrem Kommilitonen glücklich werden – der war doch schon Arzt. Doch die Ehe ging in die Brüche. Und jetzt sitzt sie täglich ihrem eigenen Berufswunsch gegenüber, immer auf der falschen Seite des Schreibtisches.

Bertram ist Viehhändler. Er hat das Geschäft seines Vaters übernommen, nicht ganz freiwillig, aber einer muss sich ja um die Kunden kümmern. Das frühe Aufstehen macht ihm nichts aus, auch nicht der Umgang mit den Tieren – aber das elende Geschacher mit den anderen Viehhändlern – als wenn das ganze Leben sich nur um die paar Kröten drehen würde. Nachts träumt er von einem Leben als Pianist...

Monika ist Zahnärztin. Sie hasst ihren Beruf! Dieses Hin- und Her zwischen den Patienten. Der ständige Zickenkrieg unter ihren Mitarbeiterinnen nervt sie. Die ewigen Streitereien mit den Krankenkassen, was denn nun abzurechnen erlaubt ist und was nicht. Sie wollte eigentlich immer nur den Krankheitsherd finden, der Menschen so peinigt. Froh ist sie nur, wenn sie im Wurzelkanal ganz für sich allein arbeiten kann ...

Peter fühlt sich als Sachbearbeiter in seiner Firma unaufgeregt wohl. Er macht seine Arbeit gerne, freut sich aber besonders auf die 2 Abende in der Woche, an denen er Volleyball spielen kann und bei der *Harmonia Gloria* im Chor als Bass singt. Sein Chef hat ihm jetzt den Gedanken nahe gelegt, doch mehr an eine mögliche Karriere im Unternehmen zu denken und Peter weiß, wer ablehnt, der wird gefeuert. Aber Karriere machen heißt Reisen und das bedeutet ein unstetes Leben.

Wer schlicht und einfach im falschen Leben steckt, wird entweder darin oder daran scheitern, nicht wirklich glücklich werden oder im allerschlimmsten Fall – trotz gänzlich fehlender Voraussetzungen – erfolgreich sein unter Aufbietung eines herkulesähnlichen Kraftaufwandes – um dann schließlich in diesem Erfolg auch noch unglücklich zu enden!

Aber es sind doch nicht alle Menschen gleich!

Ich halte es für einen ganz natürlichen Wunsch, herausfinden zu wollen, was für ein Mensch jeder Einzelne denn nun wirklich ist. Und seit der Antike wird das auch erwiesenermaßen versucht.

Man könnte das Bemühen, den Menschen »verstehen« zu wollen auch so zusammenfassen, dass dieser Versuch gescheitert ist! Aus einem einzigen Grund: Es blieb ja nicht bei dem Versuch, den Menschen »verstehen« zu wollen, denn sofort wurde aus dem Verstehen ein »Erklären-Wollen«.

Nach groben Schätzungen im Internet gibt es weltweit wahrscheinlich mehr als 4.000 Methoden und Verfahren, die diese Frage beantworten wollen, wer der Mensch »ist« – angefangen von Selbsteinschätzungen bis hin zu computergestützten Testprogrammen. Der wohl umfassendste Test für eine Persönlichkeitsbeschreibung wird angeblich mit über eintausend Fragen von der amerikanischen Navy eingesetzt und beansprucht für seine Beantwortung mehr als eine Woche Zeit!

Doch: Diese unglaubliche Vielzahl kann ja nur bedeuten, dass alle diese Verfahren, ob nun als Test oder als Beschreibung, ungenau sein müssen – sonst gebe es diese Vielzahl nicht! Ich kann mir ebenso gut vorstellen, dass alle Verfahren, die versuchen, den Menschen »verstehen oder beschreiben« zu wollen, inklusive der Astrologie, es wirklich gut und ehrlich mit dem Menschengeschöpf meinen – und trotzdem liegen sie alle falsch!

Ich weiß, dass ich diese These nicht ungestraft so in die Welt setzen darf! Erlauben Sie mir deshalb einen unwissenschaftlichen Versuch, diesen Standpunkt zu erläutern:

Betrachten Sie bitte die innere Hautoberfläche Ihres Daumens. Sie sehen eine ganz besondere Maserung und vermutlich wissen Sie, dass niemand auf dieser Welt eine identische Linienführung hat. Ihr Daumenabdruck ist damit ein unverwechselbares Symbol für Ihre Einmaligkeit! Nun könnte man in einer geschickten Erzählung daraus ein Gottesgeschenk machen oder weniger spektakulär, diese Tatsache als eine Möglichkeit der Natur erklären, Formen zu finden – von mir aus auch eine Laune der Natur.

Und komischerweise wird über diesen Tatbestand nicht gestritten. Fakt.

Wieso kann man dann nicht ganz einfach anerkennen, dass Menschen schlicht und einfach unverwechselbar in ihrer Art und Weise sind – und nicht »definiert« werden können. Wie wäre es, wenn wir unseren Frieden damit machen?

Die Schwierigkeit liegt in einem besonderen Punkt: Um zu diesem Punkt zu kommen, müsste man mit dem Bewerten aufhören. In meiner Welt ist menschliches Verhalten nicht gut oder schlecht, und schon gar nicht richtig oder falsch. Diese Bewertungen können von einer Gesellschaft nur dann akzeptiert werden, wenn das menschliche Verhalten gegen Normen und Werte verstößt.

Wenn »richtig« oder »falsch« aber nicht gelten, was gilt dann? Mein Vorschlag: »so« oder »anders«.

Wenn wir eine Persönlichkeit, so wie wir sie wahrnehmen, zulassen würden, dann gäbe es keinen Grund für eine aggressive Bewertung – allerdings auch keine wohlwollende. Das würde ich als eine gütige Position bezeichnen.

Natürlich macht es Sinn, auf die Einhaltung von Spielregeln zu achten. Wenn in Deutschland alle Autofahrer sich für die rechte Straßenseite entscheiden, dann ist das Befahren der linken Seite lebensgefährlich – aber nicht in England oder Japan! Übrigens: Dass man Spielregeln ändern kann, bewiesen die Schweden, als sie am 3. September 1967 von Links- auf Rechtsverkehr umstellten.

Die Ungleichheit von Menschen ist der wahre Wert und Kern der Menschheit schlechthin! Was wäre denn so schlimm daran, die Ungleichheit schlicht und einfach anzuerkennen? Wir müssen uns schon die Frage gefallen lassen, ob wir durch das Verlangen nach »Gleichstellung«, bei dem Versuch »gerecht« zu sein, in Wahrheit neues Unrecht schaffen. Was wäre das für ein fataler Sieg?

Wenn in Korea 80 Prozent aller Schüler studieren, dann heißt das doch nicht, dass Koreanerinnen oder Koreaner besonders intelligent sind! Dann bedeutet diese Zahl doch nur, dass hier mit einem Maßstab gemessen wird, der für Deutschland nicht passt (das war die nette Formulierung) oder dass hier nach Strich und Faden ein gigantischer Selbstbetrug inszeniert wird (das erscheint mir die realistische Formulierung)!

So langsam beginnen wir zu lernen: Der Versuch, Frauen und Männer zu vergleichen, oder gar ihnen einreden zu wollen, ihr Verhalten so zu verändern, dass es sich aneinander angleicht, ist doch grandios gescheitert. Halten wir fest: Frauen sind etwas ganz Besonderes und Männer sind ganz anders!

Ein anderer Aspekt unseres täglichen Lebens, der Führungsalltag in Unternehmen, lässt doch nur einen Schluss zu:

Den Führungsstil schlechthin gibt es nicht! Der kürzeste Sammelbegriff für einen wirkungsvollen Führungsstil heißt: situatives Führen! Die Führungsmethoden mussten versagen, weil die Unterschiedlichkeit der Menschen einen fixierten Führungsstil generell ausschließt.

Und jetzt stellen Sie sich einmal vor, eine Führungskraft würde verkünden: »Bitte gehen Sie davon aus, dass ich Sie ungleich beurteilen und demzufolge auch ungerecht entscheiden werde!« Mehr Ehrlichkeit in einem Satz geht nicht!

Sie sind ja vielleicht ein Typ!

Wer sich mit dem Thema des »eigenen Gelingens« auseinandersetzt, kommt schnell zu dem Punkt, an dem er sich die Frage stellt oder stellen sollte: »Wie könnte mir mein Gelingen besonders leicht oder gut gelingen?« Anders ausgedrückt, es stellt sich die Frage nach dem persönlichen Schatz.

Lassen Sie uns einen kleinen Spaß wagen: Wie würden Sie ein Geburtstagsgeschenk auspacken?

Variante 1: Sie freuen sich so sehr, dass man an Sie gedacht hat und Ihnen auch noch ein Geschenk macht, dass Sie erst einmal ganz überwältig sind und sich überschwänglich bei allen bedanken – und fast vergessen, das Geschenk überhaupt auszupacken.

Variante 2: Kurzentschlossen reißen Sie das Geschenkpapier quer auseinander, öffnen direkt eine mögliche Schachtel, und was immer zum Vorschein kommt, Sie werden es sofort in Funktion nehmen – Gebrauchsanleitungen haben Sie noch nie gelesen. Im Übrigen finden Sie, dass Sie sich dieses Geschenk auch verdient haben.

Variante 3: Sie betrachten das eingepackte Geschenk eher nachdenklich, nehmen ein scharfes Messer und schlitzen ganz sorgfältig die Klebestreifen auf, um dann das Papier zurückzuklappen. Sie machen das so sorgfältig, dass Sie das Papier eigentlich noch einmal verwenden könnten, wenn es nicht so spießig wäre.

Na, was sind Sie für ein Typ? Einer dieser drei oder keiner davon?

Vielleicht sind Sie der Meinung, dass man doch keinesfalls mit so einem einfachen Beispiel eine erste Orientierung geben kann. Wir halten gerne Dinge, die einfach sind, für gefährlich. Es muss kompliziert sein! Ich bin der Auffassung, dass »einfach« durchaus sinnvoll sein kann – man muss es nur zulassen.

Gelingen durch Sympathie

Für Sie ist der Kontakt zu Menschen von großer Wichtigkeit. Sie suchen geradezu die Nähe zu Menschen. Eine Besprechung an einem Montag könnte durchaus damit beginnen, dass erst einmal die Ereignisse des Wochenendes besprochen werden – vor allem die familiären Anteile.

Wenn Sie einen Schwachpunkt bei sich benennen würden, dann den, dass Sie zu Besprechungen tendenziell zu spät kommen. Obwohl, Sie starten eigentlich immer rechtzeitig, doch Sie treffen immer noch jemanden, mit dem Sie sich unterhalten müssen. Sie können den doch nicht so einfach stehen lassen ...

Wenn es um Projekte geht, dann lieben Sie es, bei allem Interesse für das Neue, die Vergangenheit nicht zu vergessen. Gestern war nicht immer alles schlecht. Und es ist gut für das Betriebsklima, wenn sich einer ab und zu erinnert ...

Eine Situation einzuschätzen, ist eine Ihrer besonderen Stärken. Sie haben starke emphatische Fähigkeiten und ein gutes Gespür für Menschen. Manchmal gehen Sie allerdings mit Ihrer »Einfühlerei« und der ständigen Rücksichtnahme auf besondere Schicksale den anderen auf den Wecker.

Das Ihnen viele Dinge gelingen, liegt einfach daran, dass Sie so ein sympathischer Mensch sind!

Gelingen durch Mitreißen

Sie mögen es, wenn Sie das Gefühl haben, in der jeweiligen Situation der Überlegene zu sein. Sie leben im Hier und Jetzt.

Zum Meeting sind Sie immer pünktlich – wenn auch auf die letzte Minute. Das einzige was Sie jetzt erwarten, ist, dass es auch sofort losgeht. Geht nicht, Sie müssen noch auf den Typ vor Ihnen warten.

Bei Projekten arbeiten Sie gerne mit – wenn Sie der Boss sind. Wichtig ist Ihnen, dass immer etwas passiert. Sie hassen es, wenn nichts vorangeht.

Niemand erkennt so schnell wie Sie, was machbar ist. Einer Ihrer Lieblingssprüche lautet: »Geht nicht, gibt's nicht!«. Vor lauter Tatendrang geht auch schon mal etwas zu Bruch – doch hier gilt dann der nächste Grundsatz. »Wo gehobelt wird, da fallen Späne!«

Ob auf dem Schulhof, in der Firma oder im Freundeskreis – Sie waren schon immer der Typ, der alle anderen mitreißen konnte!

Gelingen durch Überzeugen

Richtig wohl fühlen Sie sich in der Distanz zu Menschen und ihren persönlichen Geschichten. Eine »Bussi-Bussi«-Situation ist Ihnen absolut zuwider. Purer Graus wäre für Sie eine Kreuzfahrt auf der AIDA!

Es ist immer besser, zu einer Verabredung etwas früher zu kommen. Alles andere wäre unhöflich. Im Übrigen ist das auch alles nur eine Frage der Einteilung. Wozu hat Ihr Outlook schließlich ein Terminsystem?

Da für Sie planvolles Handeln selbstverständlich ist, sind Ihre Unterlagen nicht nur perfekt, Sie haben sie auch immer dabei. Ausreden gibt es nicht. Sie haben die erforderlichen Fakten nicht nur sorgfältig gesammelt und geprüft, Sie haben sie auch im Kopf parat.

Ein Projekt kann gar nicht schwierig und abstrakt genug sein. Sie lieben es, das Unmögliche zu denken. Sie verstehen allerdings die Ungeduld und die Rückgewandtheit Ihrer Kollegen nicht, denn nur durch konsequentes Planen lassen sich Fehlentscheidungen verhindern.

Ihnen gelingt dann alles, wenn Sie die Gelegenheit bekommen, andere mit Fakten zu überzeugen.

Was Sie in diesen kleinen Geschichten entdecken können, sind bestimmte Stärken, die jeder Typ in sich trägt, und eben Begrenzungen, die es manchmal verhindern, aus seiner eigenen Haut herauszukommen.

Natürlich ist es richtig, seine Energie auf die Stärken zu richten, um diese weiter zu stärken. Um aber nicht völlig verrückt zu werden, ist es auch sinnvoll, seine Begrenzungen anzuerkennen.

Vielleicht können Sie Ihren Weg zum Gelingen dann besonders gut erkennen und beschreiben, wenn Sie sich diese folgenden Fragen stellen:

Was kann ich besonders gut?

- Was von dem, was ich besonders gut kann, unterstützt meine Ziele?
- Was von dem, was ich besonders gut kann, hilft mir nicht weiter?

Was liegt mir nicht so?

- Was von dem, was mir nicht so liegt, kann ich vernachlässigen, weil es meine Ziele nicht unterstützt?
- Was von dem, was ich nicht so gut kann, könnte in einer anderen Situation besonders wertvoll sein?

Ein gelungenes Leben!

Wer seinen Blick auf Todesanzeigen in den Zeitungen richtet, der erfährt womöglich »alles« über das Leben. Da wird von unerträglichem Schmerz der Hinterbliebenen geschrieben, andere sind voller Dankbarkeit und Liebe, so mancher Text berichtet vom erlösenden Moment des Todes. Oft reißt der Tod jemanden aus der Mitte, trifft auf fassungsloses Unverständnis: warum jetzt und weshalb ausgerechnet jener? Versprochen wird häufig das nicht enden wollende Andenken.

Etwas haben diese Anzeigen gemeinsam: Die Texte werden im wahrsten Sinne des Wortes »nach-gerufen«, geschrieben von denen, die noch hier sind, um wen zu trösten oder zu beglücken? Manchmal denke ich, Todesanzeigen erzählen mehr über die Familie der Hinterbliebenen als denen wirklich klar und vielleicht sogar lieb ist.

Nie gekämpft
im Strom des Lebens getrieben
... darin untergegangen
»Aus die Maus«

Elmar L, *1960 + 2009

Aus: Christian Sprang und Matthias Nöllke: Aus die Maus. KiWi, 2009

Wer auf der Insel Amrum die Inschriften der Kapitäns-Grabsteine auf dem Friedhof St. Clemens liest, der erfährt Erstaunliches.

Ein Beispiel:

> *»Sie lebten 41 Jahre in einer vergnüglichen Ehe, und zeugeten 7 Kinder. Er, der Ehemann hat in seinem Seeberufe das seltene Glück gehabt 4 Reisen als Capt. ein Schiff von Amsterd. nach Batavia u. China in Ostindien zu führen und die letzten 21 Jahre in Ruhe auf sein Vaterland durchgelebet. Er starb unverhoft Ao. 1785 d. 29ten Marz auf dem Wege zwischen Nebel und Suddorf in einem Alter von 69 Jahre«.*

Manchmal wird auch geschrieben: »Ein erfülltes Leben ging zu Ende.« Diesen Text fand ich in der Todesanzeige einer 91-jährigen Dame, der man auch noch den Spruch Albert Schweizers hinzugefügt hatte: »Das einzig Wichtige im Leben sind die Spuren der Liebe, die wir hinterlassen, wenn wir gehen.«

Wie würden die Todesanzeigen eigentlich aussehen, wenn nicht die Hinterbliebenen sondern die Lebenden rechtzeitig ihren eigenen Nachruf verfassten? Mark Zuckerberg, der Gründer von Facebook, machte folgenden Vorschlag: »Eure Eintragungen bei Facebook dokumentieren euer Leben …« Das ist allerdings auch nichts anderes, als das Verfassen eines Tagebuches. Nur, dass das Tagebuch für niemand anderen zum Lesen bestimmt ist. Oder warum hätte Andy Warhol glauben sollen, dass sich jemals jemand dafür interessieren würde, wann er mit welchem Taxi wohin fuhr und was das kostete? Das hat er tatsächlich aufgeschrieben …

Ein gelungenes Leben entsteht doch nicht dadurch, dass sauber dokumentiert ist, wann man mit wem im Kino war, welches Essen in welchem Restaurant genossen wurde, welches Buch gelesen und mit einem Kommentar bei *Amazon* gewichtet wurde.

Angeregt durch die Arbeit mit diesem Thema habe ich mich dazu entschlossen, meinen eigenen Nachruf zu verfassen. Und er wird so irgendwann einmal auch veröffentlicht werden.

Hans-Uwe L. Köhler hat seine Reise auf der anderen Seite des Lichtes am TT.MM.JJJJ fortgesetzt.

»Danke schön!«

Ich führte ein so schönes und privilegiertes Leben, dass es genügend Anlass gibt, mich zu bedanken. Bei meiner Frau Ille, die mich ertrug und täglich beschenkte, die ich lieben durfte. Bei unseren unglaublichen Töchtern, die uns Enkel schenkten und damit den göttlichen Funken des Lebens weiterreichten. Als Redner danke ich allen Zuhörern, die mir mit ihren Gedanken folgten. Der Autor Köhler ist vergnügt wie ein kleiner König über die Tatsache, als Hauptschüler so eine Fülle von Büchern geschrieben zu haben. Alle, die ich je verletzt habe, bitte ich um Entschuldigung. Und nun sollten wir gemeinsam mit einem Glas Champagner auf ein gelungenes Leben anstoßen!

Lassen Sie uns die Perspektive wechseln: Bronnie Ware, eine australische Palliativ-Pflegerin, hat viele Menschen am Sterbebett begleitet. Und das, was sie dort auf dem Weg zum Tod erlebte, hat sie in einem Buch veröffentlicht (»5 Dinge, die Sterbende am meisten bedauern!« Goldmann Arkana, 2013.)

Was jetzt kommt, wird darüber entscheiden, ob Sie am Ende Ihrer Reise von einem gelungenen Leben sprechen können oder nicht!

Das, was Menschen am meisten bedauern ist:

»Ich wünschte, ich hätte den Mut gehabt, mein eigenes Leben zu leben!«

»Ich wünschte, ich hätte nicht so viel gearbeitet!«

»Ich wünschte, ich hätte den Mut gehabt, meine Gefühle auszudrücken!«

»Ich wünschte, ich hätte den Kontakt zu meinen Freunden aufrechterhalten!«

»Ich wünschte, ich hätte mir erlaubt, glücklicher zu sein!«

Bronnie Ware betont selbst, dass natürlich nicht alle Menschen so klagen, aber unglaublich viele!

Was noch nie ein Mensch auf dem Totenbett gesagt hat: »Wenn ich es mir recht überlege, dann hätte ich mehr Zeit im Büro verbringen sollen!«

Dieses furchtbare Wort »hätte«. Ich erinnere mich genau: Es war im Herbst 1971, als ich einen Unternehmensberater zum Abendessen begleiten sollte, weil mein damaliger Chef keine Zeit hatte. Während dieses Essens fragte er mich, was ich denn so in der Zukunft vorhätte? Und dann legte ich los: »… ich möchte, ich würde, vielleicht könnte ich auch, ich hätte auch noch die folgende Idee …« Ziemlich unwirsch unterbrach mich mein Gegenüber: »Hören Sie auf, so zu reden! Ihre Ansammlung von Konjunktiven wird Sie nie weiterbringen! Ändern Sie Ihre Sprache, dann werden Sie auch Ihr Denken ändern und wenn Sie Glück haben, wird aus Ihrem Leben etwas!« Das saß.

Dann lassen Sie uns doch das Bedauern in ein Gelingen umwandeln:

»Ich bin so mutig, dass ich mein eigenes Leben leben werde!«

- Ich muss mit meiner Art und Weise niemandem mehr gefallen!
- Mein Egoismus beschränkt sich durch die Liebe!
- Ich bleibe mir treu!

»Ich werde klug arbeiten!«

- Meine Selbstwertschätzung finde ich in meinen gelungenen Taten!
- Wenn ich arbeite, müssen 3 Dinge möglich sein:
  Ich kann etwas lernen, ich erlebe Freude und ich kann damit Geld verdienen!
- Eine prinzipielle Faulheit fordert intelligentes Handeln.

»Ich werde meine Gefühle mit Freude ausdrücken!«

- Meine Lebenskunst drückt sich darin aus, meinen Gefühlen Raum und Zeit zu geben.
- Ich werde nie vergessen, woher ich komme.
- Ich bin dankbar für das Gewesene, liebe und genieße das Jetzt und freue mich auf morgen.

»Ich werde in einer Gemeinschaft von Freunden aufgehoben leben!«

- Ich bin dankbar für jeden, der mich einen Freund nennt.
- Auch als schwarzes Schaf bin ich Teil meiner Familie.
- Wer meine Hilfe wünscht, den frage ich nicht, warum.

»Ich erlaube mir ausdrücklich, ein glückliches Leben zu führen!«

- So zu leben, wie ich es tue, ist ein Privileg.
- Ich brauche das Glück nur zuzulassen.
- Niemand kann tiefer fallen, als in Gottes Hand!

Als ich mit 60 Jahren meinen Pilotenschein machte, mir einen Tragschrauber kaufte und mit meinem »fliegenden Moped« einer Mücke gleich durch die Lüfte flog, äußerten sich unglaublich viele Menschen sehr besorgt über die Möglichkeit, damit tödlich zu verunglücken – selbst Berufspiloten waren sehr skeptisch.

Ganz anders meine Frau. Sie sagte: »Es wäre für mich unerträglich, eines Tages zu erfahren, dass du am Ende eines Staus von einem zu spät stoppenden Lkw zerquetscht wurdest. Wenn du vom Himmel fällst, dann weiß ich, du stirbst in einem sehr glücklichen Augenblick!« Exakt.

Eine wesentliche Quelle der wichtigsten Erfahrungen in meinem Leben entstammt der Zeit, in der ich den Schwert-Weg ging. Das japanische Wort für Weg heißt Dô. Sie kennen bestimmt die Begriffe Ju-Dô (sanfter Weg) oder auch Taekwondo (Fuß-Hand-Weg). Der Schwert-Weg, also Ken-Dô, folgt der Tradition der japanischen Samurai. Ich werde am Ende des 4. Kapitels darauf noch einmal besonders eingehen.

In dieser 10-jährigen Ausbildungszeit als Kendô-ka habe ich gelernt, dass bei einem schnellen Blick über meine linke Schulter der Tod, mein Tod, zu sehen ist. Er ist mein Begleiter – mein Freund? In jedem Fall ist er auf wohltuende Weise da. Sein Blick sagt mir: »Gestalte dein Leben in Ruhe, gönne dir Zeit, denn du kennst dein Ende nicht …« Was für eine Gnade.

Dirk Bach (†2012) sprach in einem Spiegel-TV-Interview (02.10.2012) mit Sandra Maischberger über seinen Tod:

> *»Meine größte Angst ist weniger, irgendwann zu sterben als die Geschichte, irgendwann nicht mehr das machen zu können, was ich machen möchte. Es ist mein Idealbild, dass ich denke, ich möchte in der Mitte eines kräftigen und sehr beliebten Stü-*

ckes aus den Fugen gerissen werden und es schmettert mich auf den Bühnenboden und alle klatschen heftig, weil sie denken, das wäre ein klasse Regie-Einfall. Und dann bin ich weg.«

Kapitel 2

DAS VERGNÜGEN DER ARBEIT

Wir können nur wahr sein im Augenblick.

Klaus-Maria Brandauer

Warum arbeiten wir eigentlich?

Vielleicht denken Sie, was ist das denn für eine Frage? Die naheliegende Antwort: Wir müssen mit unserer Arbeit doch unseren Unterhalt verdienen! Wohl wahr, doch das ist nicht der einzige Grund und das war auch nicht immer so – zumindest nicht 8 Stunden täglich.

Wieder eine Einladung: Könnten wir eine Zeitreise antreten, dann würden wir vor ungefähr 3,2 Millionen Jahren im östlichen Afrika beginnen – bei Tante Lucy. So wurde das Teilskelett genannt, das man 1974 in Äthiopien fand und das seitdem von der Wissenschaft als Mitglied der Ersten Familie benannt ist.

Wir waren damals herumziehende Horden, die nur ein Tagesthema kannten: das einfache Überleben. Dazu waren ganz wenige Voraussetzungen notwendig: süßes Wasser und Essbares. Gab es beides in ausreichender Menge wuchs die Horde – andernfalls drohte der Tod. Damit eine Horde wirklich eine Chance zum Überleben hatte, war eine unabdingbare Voraussetzung, dass jedes Mitglied irgendeinen nützlichen Beitrag lieferte. Wer das nicht konnte oder wollte, wurde verstoßen. Der Zeitaufwand, um zu überleben, war relativ gering. Nach heutigen Maßstäben waren die Leute damals 2 bis 3 Stunden aktiv. Dann konnten sie sich gegenseitig kraulen, dösen, mit den Kindern herumalbern oder einfach guten Sex haben.

Einige Horden zogen langsam nach Norden. Nach ein paar 100.000 Jahren wurden die ersten von ihnen sesshaft, entdeckten vor etwa 7.000 Jahren den Ackerbau und die Viehzucht. So wurden langsam der vordere Orient, Asien und das heutige Europa besiedelt. Doch ein Problem blieb die ganze Zeit: die Gefahr der Hungersnot.

Vor etwa 3.000 Jahren waren wir schon ganz schön weit gekommen. Wir hatten die Schrift erfunden, konnten Tempel und Pyramiden bauen, verstanden den Lauf der Gestirne, hatten das Töpfern und das Weben gelernt, wussten Metall zu verarbeiten und konnten auch Musikinstrumente bauen. Unser Leben war schön geworden – fast jedenfalls. Der deutsche Soziologe Max Weber hätte diesen Zustand so beschrieben, dass der Mensch weniger am Geldverdienen interessiert sei, sondern so leben wolle, wie er es gewohnt sei, und nur das erwerben wolle, was er braucht. Immerhin lebten wir in Städten, trieben Handel, erfanden Regierungsformen und verbesserten das Kriegshandwerk. Doch das Problem Hunger blieb. Obwohl ständig mehr als 80 Prozent der Bevölkerung als Arbeitskraft an die Landwirtschaft gebunden waren, blieb die Hungersnot in allen Staaten und Kulturen eine ständige Bedrohung.

Doch dieses Arbeiten in der Landwirtschaft, ebenso wie handwerkliche Tätigkeiten im Haus, waren verpönt. Schon im alten Athen war klar, dass das, was man unter »arbeiten« verstand, eine Tätigkeit war, die man durch Sklaven verrichten ließ. Sklave sein hieß jedoch nicht, mit eisernen Fußfesseln unter Peitschenhieben zu arbeiten. Sklaven waren Mitglieder des Haushaltes – aber ohne Rechte. Auch die europäische Aristokratie lehnte Arbeit im weitesten Sinne als unwürdig ab und erfand deshalb die Knechtschaft und den Frondienst.

Die amerikanische Historikerin und Professorin Joyce Appleby, sie lehrte an der University of California, beschreibt in ihrem Buch »Die unbarmherzige Revolution – Eine Geschichte des Kapitalismus« (Murmann Verlag, 2011) sehr präzise den Zeitpunkt und den Anlass, an dem ihrer Meinung nach das heutige »arbeiten« begann.

Landwirtschaft wurde bis ins Mittelalter kollektiv betrieben. Der Boden gehörte allein der Aristokratie. Bauern beackerten den fremden Besitz und zahlten Abgaben. Allerdings: Sie entschieden gemeinsam, wann gesät und geerntet werden sollte. Sie sehen, Kollektivismus und Planwirtschaft sind keineswegs neuzeitliche Erfindungen. Bauern wurden damals eher als faul bezeichnet. Das änderte sich, als man in England erstmals Bauern erlaubte, Zäune um ihr zu bearbeitendes Land zu ziehen. Das führte sehr schnell zu einer Steigerung des Ertrages!

Die Steigerung des Ertrages führte dazu, dass immer weniger Menschen in der Landwirtschaft benötigt wurden und diese nun für andere Aufgaben zur Verfügung standen. Heute kann sich eine Volkswirtschaft komplett ernähren mit nur einem Anteil von 1 Prozent der Bevölkerung, der in der Landwirtschaft arbeitet.

Zu dem ungefähren Zeitpunkt, an dem man englischen Landarbeitern erlaubte Zäune zu errichten, begann eine Epoche der Aufklärung und der Entdeckung, die das Leben der Menschen in einen radikalen Veränderungsprozess stürzte. Auch wenn das gewagt klingt – mit dem Katholizismus wäre die industrielle Revolution vielleicht anders verlaufen, möglicherweise gar nicht geschehen. Der lutherische Protestantismus wird die entscheidende Kraft, die das Leben der Menschen regelrecht auf den Kopf stellt. Der Beginn der industriellen Revolution, die Entwicklung des Kapitalismus und der Protestantismus in Europa sind die Quellen des heutigen Ranges, den die Arbeit in unserer Gesellschaft einnimmt. Am Ende dieses Prozesses gaben die englischen Puritaner der

Arbeit eine religiöse Qualität, die der Adel verweigert hatte. Arbeit wurde zum »Gottesdienst« erhöht. Die religiöse Dimension in der Arbeit erkennen Sie leicht am Begriff der »Arbeitsmoral«!

Die industrielle Revolution brauchte für die entstehende Wirtschaftsordnung zwingend Arbeiterinnen und Arbeiter. Man ging 2 Wege: entweder die Wiederholung der griechischen Idee der Arbeitssklaven (und prompt wurden allein aus Afrika etwa 12 Millionen Menschen in das entdeckte Amerika entführt), oder man versprach ein Geldeinkommen, dass die allgegenwärtige Not lindern sollte.

Somit war Arbeit tatsächlich dazu geeignet, die fundamentalen Bedürfnisse des Menschen zu befriedigen. Arbeit konnte die Ängste vor Hunger, Durst und Obdachlosigkeit überflüssig machen. Aber »Arbeit« kann mehr!

Die Art, wie wir heute arbeiten, ist relativ neu

Dass in der Arbeit etwas Besonderes verborgen sein muss, möchte ich an folgendem Beispiel aufzeigen.

Nachdem wir das Nomadentum aufgaben und sesshaft wurden, war die wichtigste Tätigkeit der Landwirtschaft die Produktion von Getreide. Und wenn man sich Feldarbeit aus der Frühzeit der Menschheit vorstellt, dann versteht man sehr schnell, warum das mittelhochdeutsche Wort für Arbeit *arebeit* »Mühsal, Beschwernis, Leiden« bedeutet. Selbst heute ist es schwer, Menschen zu finden, die Spargel stechen, Erdbeeren pflücken oder sonstige Erntedienste erbringen.

Stellen Sie sich bitte die folgende Szene vor: in den Bergen Ost-Anatoliens, ein trockener, steiniger Acker. Eine deutlich unterernährte Kuh zieht einen Pflug, geführt von einer verhärmten Frau. Am Pflug ihr Mann, der mühevoll versucht die Erde aufzubrechen, um die Saat einbringen zu können, Wind wirbelt die staubige Erde auf. Schlimmer, mühevoller kann man sich Landwirtschaft nicht vorstellen. Wir können es auch nicht akzeptieren, dass ein Fünftel der Erdbevölkerung, also 1,4 Milliarden Menschen, hungern müssen, obwohl sie auf landwirtschaftlichem Grund leben!

Keine 3 Flugstunden von diesem Acker entfernt, hier mitten in Europa, können Sie Menschen beobachten, die ebenfalls die Erde aufbrechen, um zu säen. Doch diese empfinden die Gartenarbeit als Entspannung und Ausgleich!

Offensichtlich ist es ein großer Unterschied, ob etwas notgedrungen getan werden muss, die Handlung nur dem Zweck des Brot- oder Gelderwerbens dient, oder es einem übergeordneten Ziel des Gelingens gilt.

Eine allseits bekannte Metapher aus Führungsseminaren soll das deutlich machen.

> Die Geschichte wird so erzählt:
> *In einem Steinbruch arbeitete eine Gruppe von Männern. Ich fragte einen dieser Männer. »Was machen Sie da eigentlich?« Er sah mich mit mürrischem Gesicht an und blaffte zurück: »Das sehen Sie doch – oder? Ich behaue Steine!« Sein Gesichtsausdruck provozierte bei mir die Frage: »Macht das Spaß?« »Soll ich Ihnen meinen Bossierhammer über den Schädel ziehen, oder was … ?«*
>
> *Dann entdeckte ich einen Kerl, der über das ganze Gesicht strahlte und ich fragte ihn ebenfalls. »Was machen Sie hier?« Er lachte mich froh an und erzählte: »Wissen Sie, da wird eine Kathedrale gebaut mit einer riesigen Kuppel. Und das hier, das wird der Schlussstein, der die ganze Konstruktion halten wird! Und ich darf diesen Stein bearbeiten! Was für ein Glück!«*

Wie Arbeit empfunden wird, ist von den Umständen abhängig und davon, ob die Arbeit Freude bereitet. Und wohl auch von der Betrachtungsweise oder zugewiesener Wertigkeit.

Die falsche Wahl

Ist Ihnen das auch schon einmal passiert, dass Sie etwas gekauft haben, dass Ihnen schon kurze Zeit später, vielleicht schon nach wenigen Augenblicken, kaum dass Sie den Laden verließen, als Fehlkauf bewusst wurde? Doch solange der Geldbetrag überschaubar war, tat es ja auch nicht wirklich weh.

Ein anderes Beispiel: Da muss sich jemand eingestehen, den falschen Beruf gewählt zu haben. Im HIS-Bericht 3/2012 wurde berichtet, dass bis 2010 23 Prozent der Hochschulstudenten des Jahrgangs 2006/2007 ihr Studium abgebrochen haben. Im selben Bericht wurde erwähnt, dass etwa 50 Prozent der Bachelor-Studenten im Bereich Ingenieurswissenschaften ihr Studium nicht beendeten! Im IAB-Kurzbericht 01/2007 wurde berichtet, dass unverändert in den letzten 20 Jahren etwa ein Fünftel der Berufsabsolventen ihren Ausbildungsberuf aufgaben.

Wenn also in dem einen Fall ein knappes Viertel ihr Studium abbricht, im anderen Fall 50 Prozent ihr Studium nicht beenden und im 3. Fall 20 Prozent ihren Ausbildungsberuf aufgeben, dann ist das tatsächlich zu begrüßen! Hier haben sich viele Menschen großes Unglück erspart. Meine Erfahrung aus vielen Gesprächen zeigt mir allerdings eine völlig andere Geschichte: Viel zu wenige bemerken so früh ihre Fehlentscheidung. Allzu viele entdecken erst am Ende ihrer beruflichen Laufbahn, am Ende ihres Lebensweges, dass sie in Wahrheit eine Fehlentscheidung getroffen haben, die sie jetzt nicht mehr korrigieren können.

Tatsache: Wenn etwa 30 Prozent aller Ehen scheitern, dann bekennen beide Partner, die falsche Wahl getroffen zu haben. Hier ist dann die Scheidung nichts weiter als die Korrektur einer Fehlentscheidung. Vermutlich ist die Zahl der gescheiterten Beziehungen noch deutlich höher.

Fakt: Wahrscheinlich ist es gar nicht so selten, dass jemand erkennt oder erkennen muss, auf irgendeinem Gebiet eine falsche Wahl getroffen zu haben.

Aber könnten Sie sich vorstellen, dass jemand gesteht: »Ich habe das falsche Hobby!«? Das wäre doch völlig absurd! Gut, jemand könnte sagen: »... also früher, da habe ich auch einmal dieses oder jenes gesammelt, da habe ich auch mal gewebt oder gemalt oder ...« Aber es war nie falsch!

Wenn man nun die Frage stellt, warum eine Kaufentscheidung, die Wahl des Berufes oder die Wahl des Lebenspartners eine Fehlentscheidung sein kann, niemals aber die Wahl des Hobbys – dann ist die Antwort verblüffend einfach: die Wahl des Hobbys ist immer die Wahl eines »Gelingenfeldes«.

Ich möchte diesen sperrigen Begriff des Gelingenfeldes erklären. Der Untertitel dieses Buches lautet: *Wie alles gelingt, was Ihnen wichtig ist.* Es steht dort nicht, wie Sie ein erfolgreiches Leben führen werden.

Ich trenne absichtlich, ganz bewusst, ja, ganz dezidiert zwischen Erfolg und Gelingen. Erfolg bedeutet oft genug »noch mehr, noch größer und höher und weiter!« während das Gelingen in die Richtung geht »tiefer, besser, breiter«.

Da ich mich in diesem Buch weniger mit Hobbys als vielmehr mit unserer täglichen Arbeit und ihren Umständen beschäftigen werde, finde ich den Begriff des betrieblichen Gelingenfeldes treffend.

Kauf-Fehlentscheidungen liegen vielleicht am Sparwillen, weil Geiz eben doch nicht geil ist. Falsche Partnerwahl begründet sich häufig aus dem Prinzip Hoffnung oder eben auch aus blinder Liebe. Was ist mit der falschen Wahl eines Berufes?

Wieso treffen Menschen auf der Suche nach Gelingensfeldern bei ihrer Berufswahl so oft Fehlentscheidungen? Wollen Menschen bei ihrer Berufswahl nicht alle das Gleiche – eine Arbeit finden, um etwas Sinnvolles zu tun?

Offensichtlich spielt etwas anderes eine viel wichtigere Rolle!

Wusste Maslow davon?

Im Jahr 1943 bereicherte der amerikanische Psychologe Abraham Maslow die Betrachtung der Arbeitswelt mit seiner Idee, welche Bedürfnisse und Motivationen die Menschen antreiben. Seine »Bedürfnispyramide« stellte ein umfassendes Modell der Arbeitsmotivation eines Menschen dar.

Die Grundaussage von Maslows Beobachtungen ist, dass sich das gesamte Verhalten eines Menschen auf der Befriedigung seiner Bedürfnisse aufbaut, dass diese Bedürfnisse hierarchisch strukturiert sind und auch nur in dieser Ordnung befriedigt werden können.

Die Basis der Bedürfnisse und ihre Befriedigung ist rein physiologischer Art: es geht um Hunger, Durst und Schlaf – und um Sex. Hier lässt sich auch exemplarisch die Wirkung dieser Bedürfnisse erkennen: es ist nicht möglich, ein Bedürfnis für »alle Zeit« zu befriedigen; der Hunger kommt wieder, der Durst ist unstillbar, ohne Schlaf würden wir sterben, und das mit dem Sex muss ich Ihnen nicht erklären …

Aber kaum sind diese ersten Bedürfnisse gestillt, fordert die nächste Stufe nach Befriedigung: das Bedürfnis nach Sicherheit. Natürlich macht sich heute niemand mehr täglich Sorgen um Leib und Leben. Doch es gibt Staaten auf dieser Welt, da ist das sehr wohl ein aktuelles Thema! Bei uns sind es wohl eher Fragen nach Sicherheit des Arbeitsplatzes, der Altersvorsorge, der Angst um den Euro … Vielleicht sind es auch gar keine bösen Zungen die behaupten, kein Volk in Europa sei so ängstlich und sicherheitsbesessen wie die Deutschen!

An diesen beiden Bedürfnissen lässt sich noch ein weiteres Detail beobachten: Wenn der Hunger ungestillt groß bleibt, sodass sogar der Tod durch Verhungern möglich ist, dann verzichtet der Mensch auf alle Sicherheitsbedürfnisse und riskiert sein Leben, um nicht zu verhungern!

Arbeit ist ideal geeignet, um mit diesen beiden Mangelbedürfnissen fertig zu werden. Der Mensch arbeitet, um sich ernähren und schützen zu können.

Doch kaum ist die Angst um Hunger und Sicherheit gestillt, taucht die 3. Stufe auf: die sozialen Bedürfnisse.

Menschen suchen und brauchen soziale Beziehungen, wollen mit geliebten Menschen zusammen sein und brauchen den Platz in einer sozialen Gruppe. Und natürlich lässt sich dieses Anschlussmotiv wunderbar am Arbeitsplatz befriedigen. Aber nicht nur dort.

Hier wird auch ein besonderes Dilemma deutlich: es ist doch nur ausgesprochen ergonomisch, wenn man versucht, seine Bedürfnisse dort zu befriedigen, wo man sich die meiste Zeit aufhält – nämlich am Arbeitsplatz. Wenn es allerdings nicht möglich ist, seine sozialen Bedürfnisse am Arbeitsplatz zu befriedigen, dann weicht man auf andere Gelegenheiten aus, zum Beispiel einen Sportverein.

Es gibt, ganz nebenbei, eine unglaublich teure Art, zu einer sozialen Gruppe dazuzugehören: über den Kauf von Markenprodukten! Warum sonst ist es chic, Brillen zu tragen, die am Bügel ein deutliches D&G-Zeichen haben?

Als nächste Stufen kommen sehr individuelle Bedürfnisse, die nach Erfüllung verlangen: Stärke, Erfolg und Unabhängigkeit. Dazu gehören auch Ansehen, Prestige, Wertschätzung und Achtung durch andere. Und das ist der Punkt: Diese Bedürfnisse können nur durch *andere* Menschen erfüllt werden. Auch hier gilt: Kann alles prima am Arbeitsplatz erfüllt werden!

Aber wenn das am Arbeitsplatz nicht möglich ist? Dann weicht der Mensch auf andere Gebiete aus, dann *muss* er ausweichen! Doch das kann ganz schnell sehr teuer werden – dann nämlich, wenn versucht wird, durch gezielten Kauf von materiellen Gegenständen sich selbst mit Erfolg, Ansehen oder Prestige auszustatten. Autos, Uhren, Urlaub und tausende weitere Dinge versprechen genau das!

An der Spitze der Maslow'schen Pyramide findet das Bedürfnis nach Selbstverwirklichung ihren Platz.

Dieses Bedürfnis nach Selbstverwirklichung greift die Kampagne der Volks- und Raiffeisenbanken »Jeder Mensch hat etwas, das ihn antreibt!« auf. Ob nun Jürgen Klopp als Trainer des BVB von seiner Motivation erzählt oder der Unternehmer Mack von seiner Idee, den größten Freizeitpark Europas zu bauen, oder ob junge Menschen zum Lebensretter durch Knochenmarkspenden werden, bleibt gleich – etwas treibt sie an. Dass dann in Zeiten der Bankenkrisen noch der Hinweis kommt »Die Kraft der Genossenschaften« macht die Stoßrichtung dieser Idee deutlich.

Doch 1970 fügte Maslow noch eine weitere »Spitze« hinzu: Transzendenz. Die Suche nach einer, das eigene Selbst überschreitenden Dimension, die Suche nach Gott, vielleicht auch die Suche nach einer nicht wahrnehmbaren Wirklichkeit prägen dieses Motiv.

Lassen Sie uns noch einmal zur Selbstverwirklichung zurückkehren. Ich halte es für das stärkste Motiv, das Menschen antreibt.

Es geht bei diesem Motiv darum, dass ein Mensch hier seine Sehnsüchte und seine Ziel ausleben kann. Hier kann man das eigene Wesen mit all seinen Talenten und Potenzialen voll zur Entfaltung bringen und genau hier liegt das größte Gelingensfeld vor uns!

Hol den Engel aus dem Stein!

Warum ich davon überzeugt bin, dass die Selbstverwirklichung das größte Gelingensfeld für uns Menschen ist, will ich mit der folgenden Geschichte unterstreichen: Michelangelo steht auf seinem Hof und arbeitet an einem Marmorblock. Während seiner Arbeit wird er von einem kleinen Jungen beobachtet und dann gefragt: »Sag mal, was tust du da?« Michelangelo antwortet: »In diesem Block steckt ein kleiner Engel und den hol ich jetzt raus.« Der Junge beobachtet weiter und fragt nach einiger Zeit: »Ist das schwer?« Darauf antwortet Michelangelo: »Nein, schwer ist das nicht, man muss nur alles Überflüssige entfernen.«

Mit dieser Metapher wird ein Gedanke ausgebreitet, der zunächst ungewöhnlich klingen mag: Stellen Sie sich einmal vor, es wäre auch Ihr Schicksal, ein kleiner Engel zu sein, der in einem Marmorblock steckt, und die Aufgabe Ihres Lebens hieße, sich aus diesem Block zu befreien!

Was wäre das für eine vergnügliche Geschichte, wenn wir uns alle klarmachen könnten, dass jeder Einzelne von uns in solch einem Block steckt. Wir sind gefangen in so einem Klotz, und wir haben ein ganzes Leben lang Zeit, um uns daraus zu befreien. Der Unterschied zu Michelangelos Geschichte bestünde nur darin, dass in seiner Geschichte Michelangelo Buonaroti den Engel aus dem Block holt, während wir uns von eigener Hand befreien müssen.

Ihre Frage könnte sein: »Und wie krieg ich jetzt meine Hände frei, um an mir zu arbeiten?« Wie wäre die folgende Idee: Genau das passierte im Augenblick Ihrer Geburt. Wie auch immer wir das verstehen mögen, aber wir kommen beseelt auf diese Welt und haben vielleicht 70, 80 Jahre Zeit, uns aus diesem Block zu befreien. Ich will auch sofort auf diese Lebenszeit eingehen. Ich denke, wenn der Satz von Michelangelo stimmt, dass alles Überflüssige entfernt werden muss, dann ist das von großer Weisheit, denn tatsächlich ist es ja so, dass Dinge, die am Anfang des Lebens noch eine große Bedeutung haben, später ihre Relevanz völlig verlieren können. Hingegen kann anderes, was am Anfang von geringem Gewicht war, auf einmal sehr wichtig werden. Und wenn die Aussage des lebenslangen Lernens stimmt, dann stimmt es erst recht zu sagen: Wir haben die Chance, wir haben die Möglichkeit ein Leben lang das Überflüssige zu entfernen, um diese Skulptur, dieses Wesen, unser eigentliches Wesen herauszuarbeiten. Ist das nicht eine höchst vergnügliche Perspektive?

Im Irrgarten der Bedürfnisse

Schön wäre es ja, wenn die Bedürfnisse, die uns Menschen wie an einem Nasenring durch den Alltag ziehen, eindeutig und klar erkennbar und zuzuordnen wären. Doch dem ist leider nicht so! Bedürfnisse können aus unterschiedlichen Ebenen gleichzeitig auftreten und nach Befriedigung verlangen. Nehmen Sie als einfachstes Beispiel das Essen. Wenn Sie mit Ihrem Lebenspartner in ein Restaurant gehen, dann könnte es wirklich daran liegen, dass Sie beide Hunger haben. So einfach könnte es sein. Ist es aber nicht. Um es einmal ganz sachlich zu formulieren: Die Aufnahme von Eiweißmolekülen und Faserstoffen dient natürlich der vitalen Funktionserhaltung unseres Körpers. Doch gleichzeitig passiert mehr: Vielleicht dient dieses »Essen gehen« auch dazu, sich Ihre gegenseitige Zuneigung zu bestätigen, vielleicht wollen Sie Ihren Dank oder Ihre Liebe ausdrücken, vielleicht ist dieses Essen nur der Beginn eines Überzeugungsgespräches, um ein neues Auto zu kaufen, einen Urlaub zu planen oder noch einmal Ihrem Wunsch nach Kindern Ausdruck zu verleihen. Vielleicht wollen Sie bei diesem Essen nur von der Zukunft träumen – alles ist möglich.

Mögliche Folgen verhindern sichere Chancen

Die Überlegungen des kanadischen Wirtschaftspsychologen Victor Vromm helfen jedoch weiter. Vromm, der an der Yale School of Management lehrt, beachtet ganz besonders Handlungsergebnisse und Handlungsfolgen. Seine Valenz-Instrumentalitäts-Erwartungs-Theorie (kurz VIE) basiert auf der Überlegung, dass der Mensch eine Leistung nur dann erbringt, wenn ihm der erforderliche Einsatz gerechtfertigt erscheint. Diese Rechtfertigung bezieht sich aber keineswegs auf das Erreichen eines bestimmten Zieles allein. Vielmehr wird auch der Punkt bedacht, welche Folgen das angestrebte Ergebnis hat.

Ein Beispiel: eine Frau erhält die Chance, ein bestimmtes Projekt zu leiten. Ihr ist klar, dass bei erfolgreicher Durchführung eine Beförderung sehr wahrscheinlich ist. Diese Beförderung bedeutet ein erhöhtes Gehalt, mehr Verantwortung in zukünftigen Projekten und vermutlich ein gestiegenes Ansehen. So weit, so gut. Nachteil dieser Geschichte – sie riskiert, dass der nächste Karrieresprung sie in eine andere Stadt oder ein anderes Land führen wird, doch sie will ihren Partner nicht verlassen und eine Wochenendbeziehung hält sie für wenig attraktiv.

Das Abwägen kann dann tatsächlich dazu führen, dass eine Entwicklungschance nicht wahrgenommen wird, weil die Handlungsfolgen nicht erstrebenswert erscheinen.

Doch was passiert eigentlich, wenn man keine Gelegenheit dazu hat, seine Bedürfnisse zu befriedigen?

Dann verzweifelt der Mensch!

Das Wirkungsprinzip ist ganz einfach: die Bedürfnisse sind vorhanden und wollen befriedigt werden. Wenn Sie Hunger verspüren, dann wollen Sie essen – sonst werden Sie vermutlich ungemütlich. Wenn Ihnen erst einmal klar geworden ist, dass Ihr Hunger eine lebensbedrohliche Form angenommen hat, dann werden Sie schnell bereit sein, einen Diebstahl zu begehen, um Ihren Hunger zu stillen. In der Dreigroschenoper von Bertolt Brecht lautet die Erkenntnis: »Erst kommt das Fressen, dann die Moral!«

Wenn heute afrikanische Flüchtlinge vor Lampedusa elendig im Meer ertrinken, dann nur deshalb, weil sie wissen, dass in ihrer Heimat nur das pure Elend auf sie wartet und weil sie hoffen, dass sie ihre Bedürfnisse in Europa befriedigen können!

Nun sind ja in Mitteleuropa die Verhältnisse so, dass sich niemand wirklich vom Hunger getrieben in Lebensgefahr begeben muss und noch werden keine Kriege wegen des Wassers geführt. Aber es ist noch gar nicht so lange her, dass Deutsche ihr Leben einsetzten, um ein ganz elementares Grundbedürfnis zu befriedigen – das Menschenrecht auf freie Selbstbestimmung!

Gerade das letzte Beispiel zeigt exemplarisch, wie sich Menschen verhalten müssen wenn sie keine Gelegenheit haben, ihre Bedürfnisse, insbesondere ihre Motivationsbedürfnisse, zu befriedigen. Sie werden dann alles dafür tun, die jeweilige Situation zu verändern oder physisch zu verlassen. Und wenn das nicht geht, werden sie ihr Verhalten verändern.

Wenn sie am Arbeitsplatz nicht das bekommen, was sie benötigen – dann kündigen sie. Wenn diese Kündigung aber aus bestimmten Gründen unsinnig ist – sie sind am Arbeitsplatz unglücklich, aber gut bezahlt – dann kündigen diese Menschen eben innerlich. Sie sind pünktlich. Sie machen genau was man ihnen sagt. Und keinen Schlag mehr. Ohne jede Bindung und jedes Interesse.

Das ist in jedem Fall noch nicht der Höhepunkt! Manche Mitarbeiter und manche Chefs gehen noch einen Schritt weiter: »Wenn Ihr mich nicht liebt, dann sollt Ihr mich wenigstens hassen!« Mobbing, Sabotage, Konflikte aller Art haben häufig ihren einzigen Grund in der Tatsache, dass die Motivationsbedürfnisse der jeweiligen Person völlig unbefriedigt sind. Doch das allein reicht nicht: Es müssen auch noch eine weitere Gruppe von Faktoren völlig unbefriedigt sein!

Nur weil man nicht unzufrieden ist, ist man noch längst nicht zufrieden …

Der Amerikaner Frederic Herzberg entwickelte eine ganz eigene Theorie der Motive, die unter dem Begriff der »Zwei-Fakten-Theorie« in die Management-Literatur Einzug hielt. Neben die Motivationsfaktoren stellte Herzberg nun die Gruppe der Hygienefaktoren.

Diesen Begriff will ich an einem sehr einfachen Beispiel erläutern: Als in den 50er-Jahren die ersten Urlauber nach Bayern kamen, da lockten Pensionen mit dem Hinweis: »fließend kalt & warm Wasser auf dem Zimmer«! Das war damals toll, aber es hieß trotzdem: ein gemeinsames WC auf dem Flur. In den 60ern änderten sich die Texte: »Zimmer mit Bad & WC«. Was in den 60ern noch ein »Ja, da machen wir Urlaub!« auslöste, würde heute noch nicht einmal ein müdes Lächeln hervorrufen. In den 80ern hatten fast alle Hotels Schwimmbäder gebaut. Doch auch das würde heute niemanden mehr beeindrucken, allenfalls das Fehlen wäre ein Grund, dort keinen Urlaub zu machen. Doch was macht denn dann heute ein Hotel attraktiv? Um überhaupt wettbewerbsfähig zu sein, wandeln sich immer mehr Hotels in ein »Spa & Wellness Resort« um.

Das, was Ihre Eltern noch in Verzückung geraten ließ, wird schon von Ihnen als Standard empfunden. Selbst wenn Sie in einem Hotel mit Spa-Bereich Urlaub machen, heißt das noch längst nicht, dass Sie an Ihre Freunde eine Mail senden: »Super hier. Endlich mal ausgiebig im Wasser liegen.« Wahrscheinlicherer Kommentar von Ihnen: »War nicht so schlecht ...«

Und genau das entdeckte und beschrieb Herzberg. Es gibt Dinge, die machen uns nicht zufrieden, wenn sie da sind, aber sofort richtig unzufrieden, wenn sie nur zum Teil ungenügend oder gar nicht vorhanden sind. Dazu gehören:

- Der Führungsstil
  Ein Chef kann noch so kompetent sein – ein einziger verbaler Ausrutscher und die Stimmung kippt.
- Das Gehalt
  Kein Mensch bedankt sich für die Überweisung seines Gehaltes, aber wehe, es kommt einen Tag zu spät – da ist Feuer unterm Dach!
- Die Sozialleistungen
  Früher hatten die Leute 10 oder 14 Tage Urlaub, da war die Forderung einhellig: mehr! Jetzt wird geklagt, weil man sich 6 Wochen Urlaub gar nicht leisten kann!
- Das Betriebsklima
  Eine Weihnachtsfeier bringt gar nichts – aber wehe, sie wird abgesagt!
- Die Sicherheit des Arbeitsplatzes
  Erinnern Sie sich noch: »Die Rende is sischäh!«? Ha, was habbe die Leut glacht ... Wenn ein Chef heute behauptet, die Arbeitsplätze in seinem Unternehmen seien sicher, da fragt man sich doch: Was hat denn der geraucht?
- Die Arbeitsbedingungen
  Es werden nie alle Mitarbeitende mit der gültigen Arbeitszeitregel einverstanden sein. Führen Sie hier

Veränderungen durch, sind prompt andere restlos unzufrieden.

Ganz anders sieht das bei den Motivatoren aus. Hierbei handelt es sich um Faktoren, die jede Menge zur Arbeitszufriedenheit beitragen können, während ihr mögliches Fehlen kaum Unzufriedenheit verursacht. Zu den Motivatoren zählen:

- Die Chance auf Leistung und Erfolg
  Fördern durch fordern ist somit keine Floskel!
- Die Anerkennung
  Lob kann die höchste Form der Folter sein. Wenn sich aber jemand »erkannt« weiß, dann blüht er auf.
- Der Arbeitsinhalt
  Ob Arbeit Sinn macht? Der Sinn erfüllt sich durch Arbeit!
- Das Verantwortungsgefühl
  Da kann und will man hineinwachsen!
- Die Möglichkeit des persönlichen Fortschritts
  Wer am Abend die Dinge anders sieht, als am Morgen, der ist reicher geworden.
- Das Wachstum durch die Aufgabe
  Das ist der zentrale Wunsch des Menschseins: wachsen zu können.

Was Sie hier lesen, ist keine Neuigkeit, sondern jahrzehntealtes und gesichertes Wissen. Doch wenn es so eindeutig klar ist, welche Motivatoren anziehend wirken, dann bleibt die Frage, warum in Firmen und Organisationen, in Familien und Beziehungen genau gegen diese Antriebsquellen verstoßen wird? Als Erklärung gibt es dafür eigentlich nur 2 Möglichkeiten: Ahnungslosigkeit, gepaart mit Dummheit, oder ein zynisches Menschenbild.

Die Begeisterungsfähigkeit bleibt!

Beginnen wir mit einer guten Nachricht: die Begeisterung mag verloren gehen oder verschüttet werden – nicht aber die Fähigkeit zur Begeisterung, die bleibt. Doch was bleiben soll, muss zunächst entstehen.

Begeisterung entsteht durch einen Dreiklang

- durch das dem *Selbst* möglich erscheinende *Selbstvertrauen*
- durch gelingende *Selbstsicherheit*
- durch gelungene *Selbstgewissheit*

Kinder lernen Begeisterung als einen für sie attraktiven Gefühlszustand über erlebtes Gelingen.

Ich möchte noch ein wenig bei der Frage verweilen, wieso die Begeisterung bei so vielen Menschen verschwindet. Es besteht im Augenblick jedoch kein Interesse oder eine Notwendigkeit, einen Schuldigen zu finden.

Wenn der Dreiklang des Gelingens mit Selbstvertrauen beginnt, dann muss der Punkt untersucht werden, wann oder bei welcher Gelegenheit Menschen genau dieses Selbstvertrauen genommen wird.

Da fällt mir ein Erlebnis aus meiner Schulzeit ein. Ich weiß nicht mehr, wie alt ich damals gewesen bin – vielleicht 8 oder 10 Jahre. Ich habe auch vergessen, ob es sich um die Schulstunden Religion oder Naturkunde handelte. Kurz und Gut: Es ging um Affen und die Entstehungsgeschichte des Menschen. Das ist doch ein spannendes Thema, oder? Und jetzt kommt der Satz, den ich in meinem Leben nicht vergessen werde: »Wir Menschen sind zu dumm, um das zu verstehen!« Ich war so zornig, dass der Lehrer behaupten konnte, dass alle Menschen, also auch ich, zu dumm sind, um einen speziellen Sachverhalt zu verstehen. Das konnte ich mir einfach nicht vorstellen! Ich war absolut empört! Und er war doch der Lehrer. Also selbst dumm! Und ich dachte, der müsste doch wissen, wie die Dinge sind, um mir den richtigen Zugang zu öffnen! Und es blieb als Hintergrundgrollen der Gedanke, dann könne man ja gleich ganz aufhören, Dinge begreifen zu wollen …

Doch was passiert, wenn ein Mensch in so einem Augenblick zustimmt – warum auch immer. Wie viel Energie ist damit für immer verloren!

Es muss doch unser Aller Aufgabe sein, dafür zu sorgen, dass das Selbstvertrauen der uns anvertrauten Menschen niemals beschädigt oder gar zerstört wird!

Der kleine Mensch kommt aus dem »Nicht-Gelingen« – das ist sein wahrer Urzustand. Deshalb ist auch ein »Enttäuscht-Sein« nicht möglich, weil es keine Fehler gibt. Oder haben Sie schon mal ein Kind gehört, das beim Laufen lernen sagt: »So ein Mist, geht nicht, ich bleibe sitzen!«

Es müssen von der beurteilenden Vertrauensperson nur zwei Äußerungen gemacht werden, und die Katastrophe ist perfekt: »Da bin ich jetzt von dir enttäuscht!« – die Bedrohung durch Liebesentzug oder das Urteil: »Das hast du falsch gemacht!«.

Es muss hier keine Diskussion über Schulnoten vom Zaun gebrochen werden. Auch ein automatisierter Textbaustein kann die gleiche negative Wirkung wie eine Zensur haben. Experten sind sich inzwischen einig, dass alles »Gerechne« und »Gerecht-sein-Wollende« am Ende nicht wirklich weiterhilft. Erfolgversprechend sind kleine Klassen, motivierte Lehrer und die Wertschätzung aller von Schule und Bildung.

Führung im Unternehmen funktioniert auch nur so:

- kleine Teams – damit alle Mitarbeitenden erleben, dass sie wahrgenommen werden
- motivierte Führungskräfte
- Wertschätzung, Wertschätzung, Wertschätzung

Gelingt Gelingen durch Herabsetzung?

Zu den unterschiedlichen Führungsstilen kann man stehen wie man will – manche mag man schätzen, andere weniger, manche scheinen eine höhere Praxisrelevanz zu haben als andere, vielleicht ist die Sprache in dem einen Führungsstil moderner als in einem anderen, und historisch gesehen haben Führungsstile auch noch ihren jeweiligen Bezug gefunden – dennoch gibt es keinen Führungsstil, der dazu geeignet wäre, mögliche Ziele zu erreichen, solange er völlig menschenverachtend ist.

Selbst wenn man durch seinen Führungsstil, der hier als »brutal« bezeichnet wird, ein Ziel erreichen würde, das über jedes menschliche Vorstellungsvermögen hinausgeht, könnte man der Unternehmung immer noch das Etikett »erfolgreich« anhängen – niemals aber das Zertifikat »gelungen«!

Gelungen kann eine Handlung nur dann genannt werden, wenn das Fundament Wertschätzung heißt.

Arbeit muss nicht glücklich machen!

Das ist die Ansicht von Professor Isabell Heuser, Inhaberin des Lehrstuhls für Psychiatrie an der Charité in Berlin. Und sie fügt hinzu: »Arbeit ist nicht dafür da, meinem Leben einen Sinn zu geben – sie muss mir nicht mal Spaß bringen. Sie ist einfach nur Broterwerb.« Das Interview, in dem sie das sagte, dreht sich um das Thema Burn-out und erschien in der Zeitschrift *Brigitte* (Silke Baumgartner: *Arbeit muss keinen Spaß bringen,* Ausgabe 25/2012, S. 125).

Auf die Frage der Journalistin, ob sie denn ernsthaft zur inneren Kündigung rät, antwortete die Professorin: »Ich nenne es lieber die innere Emigration.«

Einspruch Frau Professor!

Arbeit kann glücklich machen. Fakt. Und warum soll man die größte, aktive, wache Zeit des Tages nicht dafür nutzen, glücklich zu sein? Es darf nicht so sein, dass man nach der Maxime lebt: Wer nichts erwartet, wird auch nicht enttäuscht!

Professor Heuser weist dann beispielhaft auf die 50-jährige Verkäuferin hin, die in ihrem Alter keine neue Ausbildung anfangen könne, die wohl auch keinen neuen Job zum Durchstarten finden würde und sich demzufolge mit dem, was sie hat, arrangieren müsse.

Auch falsch!

Lassen Sie uns diesen Gedanken mit der Verkäuferin als Synonym für alle anderen denkbaren Fälle durchspielen. Unterstellt, die Empfehlung zu kündigen sei verantwortungslos, weil hier eine Existenz auf dem Spiel steht, dann muss auch klar sein, dass die innere Kündigung oder Emigration zur garantierten Kündigung führen wird, wenn diese Haltung entdeckt wird. Eine Neuanstellung bei Beibehaltung der Einstellung scheidet auch aus. In beiden Fällen kommt es also doch zur existenziellen Bedrohung! Was jetzt, wenn man das Phänomen Burn-out verhindern will?

Die Idee: Es muss das Gelingen in der eigentlichen Aufgabe wieder möglich werden!

Tatsächlich belegt eine Studie von Jan-Emmanuel De Neve vom University College London, dass glückliche Menschen ein etwa 10 Prozent höheres Einkommen haben als der Durchschnitt. Wer glücklich ist, erreicht häufiger einen Universitätsabschluss, bemühe sich eher um einen Job, sei generell aufgeschlossener und optimistischer und weniger neurotisch. (Sebastian Hermann: *Macht Glück geldlich?*, SZ, 20.11.12, S. 16)

Sie soll es gleich richtig lernen!

Professor Lothar Seiwert berichtete mir von einem außergewöhnlichen Ereignis während seiner ersten Japanreise. Er äußerte den Wunsch, ein Karate-Dojo in Tokyo besuchen zu dürfen, schließlich sei er selbst ein begeisterter Karate-ka. Tatsächlich führte man ihn in das renommierteste Dojo in der Stadt. Er beobachtete die Schulungs-Szene und sah einen sehr alten Lehrer, der eine sehr junge Schülerin unterwies. Es war ganz offensichtlich, dass das Mädchen eine absolute Anfängerin war. Seiwert fragte, wer dieser alte Mann sei und bekam die Auskunft: »Das ist der Meister unseres Dojos.« Wenig später wurde Seiwert diesem, wie sich herausstellte, hochdekorierten Lehrer vorgestellt.

Die Erfahrung von Seiwert war, dass Schüler in deutschen Dojos ihre ersten Einweisungen von ebenfalls jungen Karatekas bekamen, die eben ihre ersten Prüfungen bestanden hatten und nur die Besten wurden von den Meistern ausgebildet.

Auf seine Frage, warum er, der unangefochtene Meister und Lehrer in diesem Dojo, sich um ein Mädchen bemühe, das gerade erst die Grundlagen des Karate begreifen sollte, antworte dieser: »Sie soll es gleich richtig lernen!«

So kann eine Ausbildung gelingen!

Stress entsteht am falschen Platz!

Der Österreicher Hans Seyle entwickelte in den 30er-Jahren ein Konzept, um Stressfaktoren genau zu beschreiben. Vom ihm stammen die Begriffe Disstress und Eustress. Mit dem Wort Stress ist zunächst keine positive oder negative Bewertung verbunden. Stress ist nichts anderes, als eine Anpassungsreaktion auf Reize und absolut überlebenswichtig. Unser Organismus entscheidet dann, ob diese Reaktion als angenehm zu bewerten ist – also Eustress (euphorische Empfindung), oder als äußerst unangenehm – dann redet man vom Disstress (disharmonische Empfindung). Nun hat Seyle auch noch eine Stresstabelle erstellt, um die verschiedenen Stressoren in eine gewichtete Reihenfolge zu bringen. Mit maximal 100 Stress-Punkten wird der Tod des Lebenspartners als größter denkbarer Disstress bezeichnet. Sollten Sie dieses Ereignis allerdings als Eustress empfinden, empfehle ich Ihnen, ein anderes Buch zu lesen. Was halten Sie vom Strafgesetzbuch?

Urlaub und Weihnachten werden mit 13 Punkten auch noch als Stress wahrgenommen. Allerdings müsste jedem jetzt schon auffallen, das irgendetwas an unserem Gerede um den Weihnachtsstress nicht stimmen kann.

Wer sich an seine erste Liebe erinnert, verbindet damit bestimmt ein positives Gefühl – dennoch handelt es sich bei der

Liebe um ein gehöriges Stresspotenzial – allerdings aus der positiven Gruppe.

Was halten Sie von folgender These: Disstress entsteht immer dann, wenn man am falschen Ort ist.

Sie empfinden eine Situation als stressig, also sind Sie am falschen Platz! Hier einige Beispiele:

- Sie gehen nachts zu Fuß allein durch einen Park. Ihnen kommt eine Gestalt entgegen, die Sie körperlich deutlich überragt. Sie sind am falschen Platz.
- Sie nehmen an einer Familienfeier teil und können Ihren Schwiegervater nicht ausstehen. Wie wird die Party? Sie wird Ihnen keine Freude machen, denn Sie sind am falschen Platz.
- Sie haben eine Projektpräsentation vorbereitet. Ihr Chef ist ein … Na, wie ist das Resultat? Alles umsonst. Sie hätten sich schon längst nach einem anderen Chef umsehen sollen, denn jetzt sind Sie immer noch am falschen Platz.
- Sie erreichen Ihre Arbeitsziele nicht. Dann sind Sie in der falschen Firma.
- Sie werden unter der Belastung krank. Sie müssen endlich den Platz wechseln – kündigen Sie.
- Sie haben versäumt, zu kündigen? Das Ergebnis wollen Sie nicht wissen – denn Sie sitzen schon längst in der Falle!

Als *die* Idee schlechthin, als Ausweg aus dem großem Dilemma, wird jetzt Work-Life-Balance empfohlen! Ich mag dann die Work-Life-Balance, wenn auf glückliches »gepower« ein ebenso glückliches »chillaxen« erfolgt. Das ist Lebensstil! Und tatsächlich: am richtigen Ort zur richtigen Zeit sein, beste Voraussetzung für Eustress!

Ich empfinde Work-Life-Balance allerdings dann als grandiose Mogelpackung, wenn suggeriert wird: »work« ist der negative Part des Lebens, der durch entsprechende Aktivitäten im Life-Bereich in Balance gebracht werden kann. Selbst wenn es so wäre, ist das trotzdem der zweite Schritt vor dem ersten. Ich bestehe darauf, dass jeder Mensch das Recht darauf hat, bei seiner Arbeit glücklich zu sein! Auch wenn er möglicherweise durch eigene Fehlentscheidungen dazu beigetragen hat, dass er total am falschen Platz ist! Aber ich bestehe auch darauf, dass jeder die Chance bekommen muss, durch entsprechendes Handeln seine aktivste Zeit, nämlich die Arbeitszeit, selbstverantwortlich als »geglückt« zu gestalten. Dann ist die restliche Zeit das Sahnehäubchen obendrauf.

In einer Anzeige der Holsten-Brauerei sagt ein Typ: »Macht Ihr mal Eure Work-Life-Balance. Ich mach Feierabend.« Er macht Feier-Abend! Ein grandioser Tag findet sein Finale in einer Feier! Das ist doch hundert Mal besser als Depri-Saufen! Was feiern wir denn? Natürlich immer das Gelingen! Ein noch so kleiner, vielleicht erster Schritt auf ein großes Ziel ist gelungen, eine Aufgabe, ein ganzer Tag, ein Riesenprojekt – es gibt genügend Anlässe des Gelingens, die zu feiern wären. Denn wie endet jede Geschichte bei Asterix & Obelix? Mit einer opulenten Feier, wo gegessen, gelacht, getrunken und gesungen wird – na ja, fast jedenfalls, bis auf Troubadix … Und Sie werden es nicht glauben, aber manchmal wird auch die Abschiedsfeier eines Menschen als Feier für ein gelungenes Leben gestaltet.

Einwurf: »Herr Köhler, man kann doch nicht jeden Tag mit einer Feier abschließen!« – »Und wieso nicht?« – »Dafür hat doch heute kein Mensch mehr Zeit, jeden Abend zu feiern!« – »Genau! Überlegen Sie einmal, warum die Kollegen nach Arbeitsschluss nicht gemeinsam den Feierabend feiern? Wenigstens am Freitag zum Wochenschluss!« Diese Mini-Geschichte ist genauso wie der einzelne Zacken auf einem EKG – für sich gesehen völlig harmlos und ohne jede Aussagekraft. Doch warten wir ab.

Vielleicht ist unser Arbeits-System schon längst krank. Diejenigen, die Arbeit haben, kommen vor lauter Arbeit nicht mehr dazu, über ihre Arbeit nachzudenken, mögliche Wunden zu lecken, ihr Gelingen zu feiern, und die anderen betäuben sich mit Gelingens-Ersatzhandlungen.

Warum sollten die Menschen etwas feiern, was sie als sinnentleert empfinden? Wenn Arbeit keinen Sinn macht, macht es keinen Sinn zu feiern – so einfach ist das!

Kehren wir trotzdem noch einmal zur Work-Life-Balance zurück. Wann wird Arbeit unerträglich? Dafür wird es eine ganze Reihe von Gründen geben. Es lassen sich jedoch einige Kernpunkte herausfiltern:

- prinzipiell falsche Berufswahl, verbunden mit dem fehlenden Mut zur Korrektur
- sich mit Kollegen und Vorgesetzten überwerfen, bei gleichzeitiger Unmöglichkeit der Kündigung durch den Arbeitgeber
- falsches Selbstbild, bei gleichzeitig schwachen oder desinteressierten Vorgesetzten
- »Sklave oder Strafgefangener im Arbeitslager«
- abstrakte, unerreichbare Planziele, die nicht als Quelle der Demotivation erkannt werden
- kein Zusammenhang mehr zwischen »woher – und jetzt – wohin«

Wie kann man glauben, dass Mitarbeitende konkrete Arbeitsziele verfolgen können, wenn sie dabei gleichzeitig aus der

Presse erfahren, dass diejenigen Vorgesetzten, mit denen diese Ziele vereinbart wurden, über den Stellenabbau der Mitarbeitenden bereits entschieden haben?

Ein Drittel ist überfordert!

Dr. Joachim Galuska, Facharzt für Psychiatrie und ärztlicher Direktor der Heiligenfeld Kliniken, Bad Kissingen, stellt in einem Gespräch mit Martin Pichler von der Fachzeitschrift *Wirtschaft + Weiterbildung* (07/08 2012) fest: »Wir laufen geradewegs auf eine psychosoziale Katastrophe zu. Um es auf den Punkt zu bringen, will ich es so formulieren: Ein Drittel der Bevölkerung ist überfordert mit seinem Leben. Die Selbststeuerung funktioniert nur noch sehr begrenzt.«

Im Weiteren wird ausgeführt, das Krankschreibungen, die vorzeitige Verrentung, Behandlungskosten und Produktionsausfälle durch psychosomatische Störungen zu einem enormen Kostenberg anwachsen. Wer in die Selbststeuerungskompetenzen seiner Mitarbeiter investiert, investiert in die Wettbewerbsfähigkeit seines Unternehmens.

Und jetzt noch mal für jeden Boss: Eine Führungskraft ist nur dann eine überzeugende Führungskraft, wenn sie in der Lage ist, die eigenen inneren Zustände zu erfassen, einzuschätzen und den Umständen entsprechend zu regulieren. Nur wenn das gelingt, kann auch die eigentliche Aufgabe jeder Führungskraft gelingen, die inneren Zustände der anvertrauten Mitarbeitenden zu erfassen, einzuschätzen und den Umständen entsprechend zu regulieren.

Langeweile macht krank!

Neben der Überforderung, mit seinen Auswüchsen des Burn-out, lebt noch ein anderes Phänomen in unserer Arbeitswelt, das Bore-out-Symptom: erschöpft und ausgelaugt vom sich Langweilen am Arbeitsplatz. Es gibt Experten, die schätzen den Anteil von Überforderung und Unterforderung für gleichgroß ein. Ja, es ist noch nicht einmal auszuschließen, dass so manches gefühlte Burn-out in Wahrheit ein Bore-out ist.

Wenn sich jemand unterfordert fühlt, wird er ja kaum zu seinem Chef gehen und sagen: »Ich habe nichts zu tun! Meine Aufgaben langweilen mich!« Eine ziemlich erfolgreiche Strategie kann darin bestehen, das Nichtstun soweit auszudehnen und mit Ersatzhandlungen aufzupeppen, dass wirklich der Eindruck für alle anderen und für den Kandidaten selbst entsteht – Mann, was muss der schaffen!

Nimmt man das Gelingensfeld als Prüfstein, dann wird deutlich worum es beim Burn-out oder Bore-out wirklich geht: überfordern oder unterfordern lassen ein Gelingen nicht zu!

In diesem Zusammenhang möchte ich noch 2 weitere Gruppen berücksichtigen: Arbeitslose und Pensionäre.

Es ist doch Unfug zu glauben, dass Arbeitslose glücklich mit ihrem Zustand sind! Es mag »Sozialschmarotzer« geben – das ist wahrscheinlich nie auszuschließen – aber eines sind diese Leute nie: glücklich mit ihrer Situation. Was sollen die denn abends ihren Kindern erzählen: »Toller Tag – wieder nichts getan!«

Pensionäre erleben das »Nicht-mehr-gebraucht-sein« als tödliche Gefahr. Die dringende Empfehlung an jeden Pensionär ist schlicht und einfach: »Tun Sie was – sonst sind Sie schneller tot, als Sie glauben!«

Es gibt kein eigenes Leben im fremdbestimmten!

Wir kriegen keine Delle ins Universum gehauen, wenn wir fremdbestimmte Ziele verfolgen. »Es gibt kein richtiges Leben im falschen«, sagte der Philosoph Theodor W. Adorno.

Um eine Handlung oder einen Vorgang als Erfolg zu bewerten, wird häufig genug nur auf das Ergebnis geachtet. Wer ein Ziel verfolgt und es auch tatsächlich erreicht, der ist in dieser Logik erfolgreich. Umgekehrt ist es dann so, wer das angestrebte Ziel *nicht* erreicht, ist eben *nicht* erfolgreich.

Wer ein selbstbestimmtes, ein selbstgestecktes Ziel anstrebt und es nicht erreicht, erlebt das klassische Sportlerschicksal: der Sieg bleibt aus. Schlimm? Nein – weil es sich um ein selbstgewähltes Ziel handelt. Für einen Sportler ist die Niederlage mit hoher Wahrscheinlichkeit der Impuls, seine Trainingsanstrengungen zu erhöhen oder zu verändern. Ein fremdbestimmtes Ziel führt hingegen zur Frustration.

Es ist auch gar nicht so einfach zu erkennen, ob das, was wir tun, nun wirklich ein freiwilliges, selbstbestimmtes oder in Tat und Wahrheit ein fremdbestimmtes Handeln ist. Als Beispiel der Jahresurlaub. Vielleicht wäre das der perfekte Urlaub mit einem garantierten Erholungsfaktor: im Garten sitzen und dem Rasen beim Wachsen zusehen.

Und was machen wir stattdessen? Vielleicht ist es gar keine Freude, in einem fremden Land Urlaub machen zu müssen? Die Suggestion der Urlaubswerbung geht ja nicht in die Richtung »Gönnen Sie sich eine schöne Zeit!«, sondern das Gegenteil wird als erstrebenswert angepriesen: »Alles ist billig – weil wir wissen, dass du es dir gar nicht leisten willst und du es dir selbst nicht wert bist!« Dann passiert es: Die Planung – Stress. Die Hinreise – purer Stress. Die Rückreise – alle Erholung verpufft. Und das jedes Jahr aufs Neue. Geht es uns beim Jahresurlaub wirklich darum, Geist und Körper zu erholen?

Ich sage Ihnen was: Ich glaube das nicht! Mein Verdacht ist ein anderer: In den Urlaub zu verreisen ist in Wahrheit eine absolut banale Geschichte geworden. Und ob die Leute nun am Strand von Rimini, Palma oder der Dom-Rep. liegen, ist völlig austauschbar. Aber das kann man nicht zugeben. Weil auch der Urlaub eine Erfolgsgeschichte sein muss wird das Ereignis durch die wiederholte Betonung, alles sei ein furchtbarer Stress, scheinbar aufgewertet: Wir leiden unter unserem Wohlergehen! Das ist der wahre Luxus, die perfekte Erfolgsstory!

Um zu verstehen, wie ernüchternd es sein kann, sein eigenes Verhalten zu verstehen, hilft vielleicht ein Satz des US-Schauspielers Danny Kaye: »Manche Menschen geben Geld aus, das sie nicht haben, für Dinge, die sie nicht brauchen, um Leuten zu imponieren, die sie nicht mögen!«

Wie wir morgen arbeiten werden

Wir müssen Abschied nehmen – die ganze Zeit schon, von Modellen, Wegen, Methoden und Verfahren, die alle eine Gemeinsamkeit haben: Sie werden in der Zukunft nicht mehr gebraucht, weil sie nicht funktionieren oder gänzlich überflüssig geworden sind.

Der klassische Arbeitsplatz löst sich gerade in einer »Cloud« auf. Natürlich nicht sofort alle, aber die ersten – dann nehmen Sie jetzt einmal einen zukünftigen Zeitrahmen von 20 bis 50 Jahren – da bleibt kein Stein auf dem anderen. Wenn man heute in der Lage ist, Massenprodukte zu individualisieren, dann ist die Idee, Arbeitsplätze und Karriereplanung komplett zu individualisieren nicht abwegig.

Es gab einmal eine stabile Verbindung von Wissen und Macht. Doch das Wissen verändert sich – es wird nicht nur explosionsartig mehr, das wäre für die Macht nicht so schlimm. Doch das Wissen ist für jedermann erreichbar, wenn er über einen Zugang zum Internet verfügt. Das ist das Ende des Herrschaftswissens, das ist das Ende der Macht!

Wenn sich Macht so ausdrückt: »Ich weiß genau, was richtig und notwendig ist, um unser Ziel zu erreichen!«, dann ist sie im endlichen Irrtum gefangen. Immer mehr Menschen werden es anders formulieren: »Ich weiß noch nicht genau, was für mich richtig und notwendig ist, aber ich will es herausfinden, um meine Ziele zu erreichen!«

Vorweg: Es wird auch in der Zukunft Menschen geben, die in einer Situation leben, in der sie zum blanken Überleben nur eine einzige Strategie verfolgen können: gehorchen. Die Flucht aus diesem Zustand gelingt nur über Bildung.

Da, wo die Macht nicht mehr greift, weder in der Politik noch in Unternehmen, werden die Menschen in ihrer Arbeit und in ihrem Leben nach Möglichkeiten suchen, die alle eine Gemeinsamkeit haben: Sie zeichnen sich durch ein entsprechend hohes Gelingens-Potenzial aus!

Der beginnende Facharbeitermangel wird zu einem verstärkten Wettbewerb um zukünftige Mitarbeitende führen, was deren Ansprüche an Führungsqualitäten erhöhen wird – weil Führungsqualität den Verzicht auf Macht bedeutet. Deshalb wird der Führungsqualitäts-Druck auf Führungskräfte steigen.

Während die Generation 45+ meistens nur ein oder zwei Arbeitgeber hatte, geht die Generation Y davon aus, bis zu acht Arbeitgeber zu haben.

Die Generation Y will anders arbeiten. Dazu braucht sie keine Büroräume, keine fixen Arbeitszeiten und keinerlei Beschränkungen hinsichtlich der Nutzung von Kommunikationsmitteln oder Netzwerken. Während »früher« das Telefonieren während der Arbeitszeit quasi ein Sakrileg war, muss heute bei der Parallelverwendung mehrerer iPhones und iPads nur jemand eine Augenbraue hochziehen, und die High-Potentials sind schon auf dem Weg zur Konkurrenz!

Die größte Gruppe, die mit einem völlig anderen Gelingens-Anspruch an die Gesellschaft und die Unternehmen herantritt, sind Frauen. Während ein Mann als Planungsgröße glatt für 30 Jahre als Mitarbeitender in einem Unternehmen vorstellbar ist, läuft das bei Frauen ganz anders ab: erst ein Karrieresprung, dann ein anderer Zeitrhythmus wegen des 1. Kindes, dann ein erneuter Karrieresprung, vielleicht ein 2. Kind, dann eine gewünschte Auszeit zur Selbstfindung, jetzt geht es zurück in den Beruf, nun Vollgas und Vollzeit – vielleicht in einem gänzlich anderen Berufsfeld, warum nicht noch ein 2. Studium, wenn die Kinder groß und die 2. Ehe glücklich ist – ja, und dann gibt es da doch noch ein paar Möglichkeiten …

Die klassische Familienrollenverteilung wird sich zukünftig weiter auflösen. Es geht schon längst nicht mehr um die Lachnummer, wer den Müll runterträgt. Eine kleine Überraschung für Männer: Wer eine Bohrmaschine bedienen kann, der »kann auch Waschmaschine« – es gibt keine Ausreden mehr. Jedoch wird es für die Gewinnung und das Halten von qualifizierten Mitarbeitenden entscheidend sein, wie gut das Kita-, Kindergarten- und Ganztagsschulangebot ist.

Und bevor ich es vergesse: Frauen werden die permanente Ungleichbezahlung nicht mehr länger hinnehmen. Es gibt für diese Ungerechtigkeit keinerlei belegbare Gründe – außer männlichen Machtstrukturen (durchaus mit gewerkschaftlichem Segen, denn wer stellt eigentlich die Betriebsräte?) – und unverständliche weibliche Geduld.

Nun könnte man ja einen verwegenen Gedanken fassen: Was wäre, wenn eine Gesellschaft so reich wäre, dass sie die Zahl der »Arbeitslosen« als Jubelmeldung im positiven Sinne machen könnte. Nach dem Muster: »Schon wieder 1 Million Menschen vom Joch der Arbeit befreit!« Voller Erstaunen würden wir zur Kenntnis nehmen müssen, dass diese »Freiheit« als großes Unglück empfunden wird, schließlich nimmt man diesen Menschen den Zugang zu ihrem Selbstwertgefühl.

Möglicher Einwand: »Aber die könnten dann doch endlich das tun, was sie schon immer wollten!« Falsch. Menschen müssen viel früher in den Zustand kommen können, dass sie das tun, was sie wirklich tun wollen.

An diese Stelle passt ganz gut die Geschichte vom Angler und dem Unternehmensberater. Ein Angler sitzt an einem See und angelt still vergnügt vor sich hin. Der Unternehmensberater erklärt ihm, wenn er ein Boot hätte, dann könnte er in die Mitte des Sees rudern, dort gäbe es viel mehr Fische! Und dann? Dann könnte er diese Fische verkaufen und sich weitere Boote kaufen, Besatzungen anheuern und hätte sehr bald das Geld für einen Hochseetrawler verdient – dann könnte er noch mehr Fische fangen und noch mehr Geld verdienen. Schließlich wäre es nur eine Frage der Zeit und des richtigen Managements und er hätte eine große, vielleicht sogar die größte Fischfangflotte der Welt – und könnten sich dann ganz entspannt zur Ruhe setzen – um zu angeln. »Aber das tue ich doch jetzt schon!«

Und wenn wir schon feststellen, dass unsere Gesellschaft immer älter wird, dann brauchen wir doch für diese Leute eine andere Perspektive. Die Silver-Generation lässt sich nicht mehr in Rente schicken! Es geht auch nicht darum »etwas dazuzuverdienen«. Die einen dieser Gruppe *müssen* arbeiten, weil die staatliche Rente nicht mehr reichen wird. Die anderen *wollen* arbeiten, weil sie die Nähe zu ihren Kompetenzen nicht aufgeben möchten.

Zwischenruf: Je unerfüllter ein berufliches Leben war, desto leichter fällt der Übergang in einen hobbygetragenen Ruhestand. Darum geht es: Je gelungener ein beruflicher Werdegang gestaltet wurde, desto geringer ist die Bereitschaft, genau darauf zukünftig zu verzichten.

Deshalb: Wenn sich »arbeiten« auf den reinen Gelderwerb reduziert, dieser Arbeitsprozess Produkte schafft, die nur der Gewinnmaximierung dienen, dann ist der nächste Schritt logisch: Wer nur arbeitet, um zu kaufen, wird sich irgendwann auch verschulden. Dann dient Arbeit nur noch dem Kreislauf von »sich für Geld verkaufen« um »sich für Geld etwas zu kaufen« (was man eigentlich nicht braucht, um Leuten zu imponieren, die einem egal sein könnten) – Dann ist alles in sich wertlos.

Also ist die Frage: Wie kann man Arbeit wertvoller machen? Nicht durch Ethik-Geschwafel, sondern durch Handlungs-, ergo Gelingensfelder. Die sind dann auch außerhalb des Geldkreislaufes zu finden, weil wir Junge und Alte zu inhaltsschweren Aufgaben führen müssen, damit sie nicht verkommen oder sich nutzlos fühlen, sondern eine eigene Wertegesellschaft aufbauen können. So könnte ein 3. Wirtschaftssektor entstehen, in dem der Sozialdollar die gültige Währung wäre.

Wie wir zukünftig die Arbeit organisieren werden und welchen Stellenwert wir ihr geben, wird zum Lebens-Gelingens-Konzept der Menschen beitragen und über die Größe der Delle, die es ins Universum zu hauen gilt, entscheiden!

Kapitel 3

NICHTS BLEIBT SO, WIE ES IST

Wer ständig glücklich sein will,
muss sich oft verändern.

Konfuzius

Abstrakte Ziele funktionieren nicht!

Es handelt sich ja um keine besonders aktuelle Erkenntnis, wenn man feststellt, dass wir in einer Welt der ständigen Veränderung leben. Wahrscheinlich ist die Tatsache der Veränderung gar nicht das Hauptproblem. Zur besonderen Herausforderung wird die Veränderung durch zwei spezielle Faktoren: Veränderung findet ständig, ohne jede Pause statt und das auch noch in einem atemberaubenden Tempo.

In so einer Situation ist Orientierung gefragt.

Unternehmen geben sich und ihren Mitarbeitenden diese Orientierung durch Veröffentlichung von Zielen, die sie aus der Unternehmensstrategie ableiten.

Das Stuttgarter Unternehmen Daimler veröffentlicht auf seiner Internetseite folgende Ziele:

»Unser oberstes Unternehmensziel ist es, nachhaltig profitabel zu wachsen und damit den Wert des Unternehmens kontinuierlich zu steigern. In all unseren Geschäften wollen wir die Spitzenposition einnehmen.«

Und Daimler fährt weiter fort:

»Über 4 strategische Wachstumsfelder, die sich durch alle Geschäftsfelder ziehen, wollen wir unsere Ziele erreichen. Wir werden dabei

- das Kerngeschäft stärken,
- in neuen Märkten weiter wachsen,
- bei ›grünen‹ Technologien führend sein und
- die Entwicklung neuer Mobilitätskonzepte und Dienstleistungen maßgebend vorantreiben.«

Diese Sätze wirken klug, beruhigend und richtungsweisend. Doch weiß jetzt irgendjemand schon, was er genau zu tun hat, um seinen Beitrag zu leisten, damit diese Ziele erreicht werden können? Natürlich nicht.

Nicht viel anders die folgende Wortblase aus einer x-beliebigen Managementliteratur: »Wachsende Komplexität und das Tempo notwendiger Veränderung in Unternehmen lassen immer wieder neue oder deutlich ansteigende Planziele für Leistungen und Ergebnisse entstehen.« ... und alles nickt!

Auch hier bleibt alles im Nebel der Wortblase hängen.

Doch was bedeutet dieser Satz? Worauf weist er hin? In eine bestimmte Richtung vielleicht? Warnt er vor Gefahren, unbekannten Risiken? Oder lullt er ein, soll er beschwichtigen, das Ungeheuerliche als Normalität verkaufen? Lädt er zu begeisterter Gefolgschaft ein? Erweckt er gar eine Aufbruchsstimmung zu neuen Zielen? Nichts von alledem, er bleibt fremd – und genau das ist sein Problem.

Damit Unternehmen ins Handeln kommen, müssen aus wohlklingenden Unternehmenszielen sehr konkrete Planziele entwickelt werden. Jedes Planziel beinhaltet die 3 Zs:

Zahl Ein Planziel muss durch eine Zahl dargestellt werden. Nur so ist es möglich, auch die Planzielerreichung oder eine mögliche Abweichung festzustellen

Zettel Ein Planziel hat nur dann eine Chance, wenn es schriftlich fixiert ist. Allein dadurch bekommt es einen offiziellen, für alle verbindlichen Charakter.

Zeit Ein Planziel muss auf einer Zeitschiene dargestellt werden. Ohne eine Zeitangabe würden sich alle Ziele auf den Sankt-Nimmerleins-Tag verschieben.

Planziele sind:

- fremdbestimmt
- unpersönlich
- abstrakt, aber immer konkret
- objektiv und subjektiv messbar
- durch Fakten getragen

Einmal angenommen, dass abstrakte Zielwerte für das Management unerlässlich sind – dann müssen sie in eine begreifbare Sprache übersetzt werden. Jedes Management begeht einen unverzeihlichen Kardinalfehler – ob nun aus Unvermögen oder zynischem Desinteresse –, wenn es nicht dafür sorgt, dass die Zielwerte in eine bildhafte Sprache übersetzt werden.

Erinnern Sie sich noch, als Josef Ackermann, der ehemalige Chef der Deutschen Bank, das Ziel ausgab: »25 Prozent Rendite in Bezug auf das Eigenkapital.« Hat irgendjemand gefragt: »Wie hoch ist der Umsatz? Wie hoch der Ertrag? Wie hoch das Eigenkapital?« Hätte Ackermann diese Relationen berücksichtigt, wäre sein Ziel immer noch ambitioniert gewesen, aber verständlicher. Er hätte wissen müssen, dass die Mehrzahl der Deutschen von Wirtschaft und von Unternehmensgewinnen keinerlei Ahnung hat und demzufolge die Reaktion mehr aus dem Bereich der moralischen Bewertung kommen würde. Was schließlich zu einem Proteststurm führte, der nie verstummte. Wo waren damals die Führungskräfte der Deutschen Bank, die ihrem Chef hätten beistehen können? Die haben dieses Ziel vermutlich auch nicht verstanden!

Da diese Ziele nicht »verstanden« werden können, kommt es zu ganz klassischen Reaktionen, Abwehrmechanismen und Ausreden der Beteiligten, die alle eins gemeinsam haben: Sie weisen die Schuld von sich selbst weg, hin zum Management:

- Das Ziel wird als unrealistisch erklärt:
  denn nur selbst verstandene Ziele können realisiert werden
- Das Ziel wird als nicht praxisgerecht bezeichnet:
  denn nur Ziele, die in der eigenen Sprache ausgedrückt werden, können angenommen werden
- Das Ziel wird als Leistungsdruck empfunden:
  denn nur der sich selbst zugetraute Wert eines Ziels kann erreicht werden
- Das Ziel wird als Unterforderung empfunden:
  denn nur der von sich selbst geforderte Wert eines Ziels kann erreicht werden

Also sitzen letztendlich Mitarbeitende und Führungskräfte in der gleichen Falle. Gibt es einen Ausweg?

Beruflich Amateur? Privat Profi!

Der Management-Trainer Günter F. Groß hat ein vielbeachtetes Buch geschrieben mit dem Titel: »Beruflich Profi! Privat Amateur?« (mi-Wirtschaftsbuch, 2005) – immerhin in 20 Auflagen! Was halten Sie von folgender, umgekehrter Behauptung: Genügend Mitarbeitende verhalten sich am Arbeitsplatz wie Amateure, während sie privat absolute Experten und Profis sind!

Außerhalb des Arbeitsplatzes

- führen Mitarbeitende höchst wirkungsvolle Non-profit-Organisationen, ohne die unsere Gesellschaft schon längst implodiert wäre.
- bauen sie Häuser, stellen Finanzierungspläne für Generationen auf und führen »kleine mittelständische Unternehmen«
- haben sie keine Angst vor noch so seltsamen Spezialgebieten wie Ornithologie, Entomologie oder der Zucht von Echsen.
- gehen sie millionenfach als Fotografen auf Motivsuche, schreiben als Autoren Tausende von Manuskripten, füllen mit ihren künstlerischen Arbeiten ungezählte Ausstellungshallen.

- belegen Mitarbeitende Fort- und Weiterbildungsplätze an den Volkshochschulen, wobei das »Gruppenleben der Seidenstupsnase« noch nicht zu den außergewöhnlichsten Themen gehört.
- frisieren sie sich gegenseitig die Haare, bauen gemeinsam Terrassen, tapezieren ihre Wände, haben sich eine komplette 2. Wirklichkeit geschaffen und lachen sich zwischendurch über unser Management-Gefasel kaputt!

Wenn Mitarbeitende außerhalb des Arbeitsplatzes das alles machen und wollen und lieben und können – warum lässt man sie das dann nicht auch innerhalb ihres Arbeitsplatzes tun? Das sind doch völlig verschrobene Ansichten aus längst vergangenen Zeiten, wenn man glaubt, die eigenen Mitarbeitenden schikanieren zu müssen.

Wie lässt sich das freie, große Potenzial der Mitarbeitenden von der Work-Life-Balance in eine Life-Work-Balance transformieren? Das ist meine Antwort:

Wir brauchen Gelingensfelder!

Erlauben Sie eine theoretische Überlegung: Arbeit besteht im Wesentlichen aus einem »Zustand«. Dieser »Zustand« unterliegt einer immerwährenden Veränderung. Einfach, weil jemand auf die Idee kommt, wie man etwas besser, einfacher, schneller, kostengünstiger oder ganz anders machen kann. Werden diese Zustände ge- oder erfunden, dann haben sie häufig den Nimbus des genialen Einfalls, nach dem Motto: »Warum ist mir das bloß nicht eingefallen?« Und sobald alle anderen entdecken, wie vorteilhaft sich die Veränderung des Zustandes auswirkt, wird diese begeistert übernommen und fest in den Arbeitsablauf integriert.

Veränderungen sind dann relativ leicht zu ertragen, wenn sie langsam entstehen und sich dabei aus sich selbst entwickeln. Ganz anders verhält es sich, wenn die Veränderung durch ein Ereignis gefordert wird, das nicht beeinflusst werden konnte.

Wer beim Einkaufen zu viel Geld ausgibt und plötzlich blank ist, erkennt den unmittelbaren Zusammenhang. Doch wie sollen die Menschen verstehen, welcher Zusammenhang zwischen der Pleite von Lehmann Brothers, der Banken-Krise und der Tatsache besteht, dass sie fast keine Zinsen auf ihr Erspartes mehr erhalten?

Der Bund der Steuerzahler veröffentlicht auf seiner Homepage den folgenden Text:

> *Die deutsche Staatsverschuldung wächst und wächst. Bund, Länder und Gemeinden sowie ihre Extrahaushalte waren am 30. September 2013 mit rund 2.024 Milliarden Euro verschuldet. Zur Veranschaulichung dieser Zahl dient folgendes Gedankenspiel: Ab sofort werden keine Schulden mehr aufgenommen und die öffentliche Hand gesetzlich verpflichtet, neben allen anderen Ausgaben jeden Monat 1 Milliarde Euro an Schulden zu tilgen. Mit dieser Verpflichtung würde es bis ins Jahr 2184 dauern, um den Schuldenberg der Bundesrepublik Deutschland vollständig abzutragen.* (www.steuerzahler.de)

Dieses Bild macht so unvorstellbare Angst, dass die Menschen ganz einfach reagieren: Sie ignorieren das komplette Thema und werden handlungsunfähig – vielleicht erklärt das den aktuellen Regierungsstil.

Veränderungen machen Angst!

Nur dann, wenn eine Veränderung sehnsuchtsvoll gewünscht wird, kann die immer vorhandene Angst in den Hintergrund gedrängt und bei positiver Erfahrung auch überwunden werden.

In allen anderen Formen der Veränderung spielt die Angst eine zentrale Rolle! Sie können hundertmal und mit aller Überzeugungskraft versuchen, Mitarbeitern zu erklären, welche enormen Chancen in der anstehenden Veränderung enthalten sind – doch es nutzt nichts! Die Angst bleibt.

Damit das klar ist: Diese Angst ist hierarchieunabhängig. Ich will *einen* CEO oder Geschäftsführer sehen, der, wenn er von der Übernahme durch Fusion seines Unternehmens hört, sagt: »Das wurde aber auch Zeit!«

Seit Menschengedenken haben diejenigen am längsten überlebt, die bei der geringsten Form einer Veränderung erst einmal vorsichtig waren. Und Vorsicht ist ja nichts anderes als der Schatten der Angst.

Wenn uns die Angst überwältigt …
… haben wir Menschen genau 3 Handlungsmöglichkeiten:

1. Die Flucht erzeugt zwar keinen Helden, aber Helden sind häufig schnell tot. Also – besser erst einmal weglaufen.
2. Wenn das nicht geht, dann steht die Attacke als zweite Option zur Verfügung. Sollte sich allerdings herausstellen, dass hier nur sehr geringe Überlebenschancen bestehen, dann braucht man eine dritte Option.
3. Jetzt heißt es: Stell dich tot! Tatsächlich lehrt die Beobachtung in der Natur, wenn der Aggressor auf keinen Widerstand trifft, lässt er meist schnell von seinem Opfer ab. Dieses Muster funktioniert heute noch genauso zuverlässig wie seit Urmenschengedenken! Es gibt keine »moderne Art« auf Bedrohung zu reagieren und – um auf unser Thema zurückzukommen – Veränderung ist eine Bedrohung. Was bleibt also zu tun?

Wie wäre es mal mit Verständnis? Bevor hier Rezepte für den Umgang mit Veränderungsprozessen ausgebreitet werden, lassen Sie uns einen Augenblick verweilen.

Fangen wir bei einer simplen Wahrheit an: Über Angst wird nicht gesprochen! Je »männlicher« ein Unternehmen und je hochrangiger ein Manager positioniert ist, desto geringer ist die Wahrscheinlichkeit, dass über Angst überhaupt gesprochen wird. Natürlich haben erfolgreiche Führungskräfte eine gewisse genetische »Risikobereitschaft«, welche die Angst zurückdrängt. Das ändert aber nichts an ihrer Existenz. Und dann fragen sich bei manchen Fehlentscheidungen alle Außenstehenden, ob denn niemand hingesehen hat. Sogenannte beratungsresistente Führungskräfte oder Politiker haben nichts weiter getan, als die Realität auszublenden, denn in ihr lebt die Angst.

Es gibt eine Möglichkeit, über die Angst zu reden, die sie bei jedem Kind lernen können – und glauben Sie mir, sie funktioniert auch auf Vorstandsebene. »Papa, unter meinem Bett liegt ein Krokodil!« Falsche Reaktion: »Das kann nicht sein – ich sehe kein Krokodil!« Und so kontert Ihr Kind: »... ist ja auch ein unsichtbares Krokodil!«

Bessere Reaktion: »Tatsächlich, das ist sogar ziemlich groß! Was will es dort?« – »Papa, es will dort schlafen!« – »Und – kommt ihr beide miteinander klar? Oder willst du es fragen, ob es vielleicht woanders schlafen möchte?« – »Nein, lass es da. Ich wollte nur, dass du weißt, dass es hier ist – weck es besser nicht!« Ihr Kind will lediglich, dass Sie die Realität seiner Angst anerkennen.

Wenn Sie bei Veränderungsprozessen mit Angst arbeiten müssen, dann ersparen Sie allen Beteiligten salbungsvolle Erklärungen, gestanzte Formulierungen der PR-Abteilung und hören Sie auf, die Dinge bagatellisieren zu wollen. Kommen Sie schnell auf den Punkt, reden Sie Klartext, beschönigen Sie nichts und lassen Sie alle Ängste zu! Wenn Sie können, malen Sie sich die schlimmsten Befürchtungen selbst aus, machen Sie Angebote, welche Katastrophen für den Einzelnen eintreten könnten oder vorstellbar sind.

Wenn man Ihnen bei Ihrem Szenario zustimmt, dann könnten Sie den Faden aufgreifen mit Fragen, wie: »Mal angenommen, diese Ereignisse treten wirklich ein. Welche Konsequenzen hätte das für Sie? Und was könnten Sie dann tun? Wie würden Sie darauf reagieren?«

Hier ein Beispiel, wie man den Faden in einer solchen Situation aufnehmen könnte:

In einem Konzern herrschte eine völlig verängstigte Stimmung. Es ging um den Abbau von Arbeitsplätzen. Für den Vorstand musste eine Rede entwickelt werden, die es ihm ermöglichen sollte, seine Zukunftsidee zu entwickeln. Alle zuarbeitenden Referenten schlugen kunstvolle Formulierungen vor, die nach meiner Meinung alle ins Leere laufen mussten. Dann die Idee: Es wurde eine 60 Sekunden CD produziert, auf der unterschiedliche Stimmen die vorhandenen Ängste aussprachen, so zum Beispiel: »... Ich habe Schiss!« oder »Oh Gott, oh Gott, was wird nur aus mir?«

Zu Beginn des Vortrages wurde der Saal abgedunkelt, das wurde erwartet. Die Bühne erhellte sich, das wurde auch erwartet. Doch nichts geschah – das wurde nicht erwartet. Dann waren diese Stimmen zu hören, so als würde man die Gedanken des Sitznachbarn hören können. Bis nach etwa einer Minute eine Stimme sagte: »So, und jetzt geht es richtig los!« Das war der Augenblick für den Auftritt des Vorstandes. Und wie wurde der begrüßt? Mit absolut hoffnungsvollem Applaus! Die Mitarbeitenden spürten genau, dass die Situation im Unternehmen schwierig war, aber sie erlebten einen ehrlichen Vorstand, der sie ernst nahm und sie nicht mit albernen Formulierungen beleidigte!

Das »100-Prozent-mehr-Erfolg-Seminar!«

Würden Sie in ein Seminar gehen, in dem Ihnen versprochen wird, dass Sie Instrumente an die Hand bekommen, um Ihren Erfolg um 100 Prozent zu steigern? Denken Sie kurz nach.

Sie würden dort nicht hingehen! In der Seminarüberschrift steckt doch ein ungeheurer Vorwurf: Sie müssen offensichtlich so blöd sein, dass Sie nicht merken, dass Sie total unter Ihren Möglichkeiten arbeiten!

Außerdem würden Sie sich schrecklich fühlen, wenn Sie entdecken würden, dass Sie seit Jahren mit Ihrer Denk- und Arbeitsweise völlig falsch liegen.

Durch die Forderung nach Veränderung wird klar ausgedrückt, dass der vorhandene Zustand als unbefriedigend zu beschreiben ist. Das sind Vorwurf und Niederlage zugleich für diejenigen, die in dem betroffenen Bereich arbeiten. Schnell kommt es zu Reaktionen wie: »Das haben wir doch immer schon so gemacht« oder »Das klappt doch nie, die da oben können doch gar nicht wissen, wie die Wirklichkeit ist.«

Kein Mensch versucht eine Sache zu verbessern, wenn ihm der aktuelle Zustand als ungenügend erklärt wird, er das selbst aber nicht so wahrnimmt! Warum soll man eine Sache verändern, wenn man der Gestalter des augenblicklichen Zustandes ist? Die eigene Sache verraten?

Die Veränderung eines Zustandes muss man wollen!

»Mensch Köhler, das ist ja wieder so eine Binsenwahrheit!« Bleiben Sie locker! Hier zitiere ich den Heidelberger Erziehungswissenschaftler Felix von Cube: »Menschen verändern sich nur aus Frust oder aus Lust oder wahlweise aus Angst oder Sehnsucht!«

Dazu ein kleines Beispiel: warum wandert jemand aus? Als die Iren im 18. Jahrhundert zu Zehntausenden in die heutige USA auswanderten, trieb sie eine unglaubliche Hungersnot über den Atlantik. Später reisten Massen von Menschen nach Kalifornien und Alaska, weil man dort Gold gefunden hatte! Warum verlassen junge Griechen und Spanier ihre Heimat? Weil es in Nordeuropa im Sommer so schön angenehm kühl ist?

Es geht auch ein bisschen aktueller. Sie brauchen nur in der deutschen Geschichte ins Jahr 1989 sehen: Da haben die Bürger in Leipzig ihre Angst überwunden und mit Gebeten (!) jeden Montag einen Staat aus den Angeln gehoben! Der Frustrationsgrad in diesem ehemaligen Land war so groß, dass man bereit war, eine Delle ins Universum zu hauen!

Ziel und Gelingen sind nicht ein- und dasselbe

Lassen Sie uns für den nächsten Gedanken einmal unterstellen, dass Unternehmensführung ohne Planziele schlichtweg nicht möglich ist. Dann könnte man Planziele wie folgt beschreiben: »Planziele werden meist von anderen festgelegt, auf der Grundlage der objektiven Beschreibung von Zuständen und sich daraus ableitenden Absichten, die dann in bestimmte berufliche Handlungen einfließen.«

Gelingensziele sind von einem anderen Charakter geprägt: »Gelingensziele werden durch eine personell individualisierte Absicht erreicht, die als wünschenswert oder notwendig/erforderlich anerkannt ist, um einen Zustand mit eigenen Mitteln herzustellen.«

Gelingensziele sind

- immer selbst gewählt
- immer persönlich akzeptiert
- immer konkret
- subjektiv in ihrer Substanz
- getragen von Erfahrungen, Erkenntnissen und Gefühlen

Die dringende Empfehlung an Führungskräfte, die mit Mitarbeitenden Ziele vereinbaren wollen, lautet: Sorgen Sie dafür, dass Mitarbeitende lernen, sich selbst Gelingensziele zu suchen und in Erfahrungen und Erkenntnisse umzusetzen. Insbesondere muss gelernt werden, mit den Ergebnissen zwar emotional aber bewusst umzugehen. Dadurch wird verhindert, dass außergewöhnlich positives Zielerreichen zum durchgeknallten Erfolgsjunkie führt oder bei einer Zielverfehlung der Selbstzweifel überhandnimmt.

Gelingen ändert den Zustand

Hier nun ein Beispiel, das den Unterschied zwischen Planziel und Gelingensziel verdeutlicht:
Der Vor-Abiturient S. hat in Mathe eine 5 – und in allen anderen Fächern eine Note zwischen 3 und 4. Das bedeutet, das Erreichen der Reifeprüfung ist ausgeschlossen. Es gibt daher nur ein einziges Ziel: weg von der 5!

Der falsche Weg – unter Einhaltung des Planziel-Beispiels – wäre jetzt, wenn der Vater in einem Gespräch mit seinem Sohn folgende Aussagen machen würde: »Ich erwarte von dir, dass du dich jetzt auf den Hosenboden setzt, Mathe paukst, in der nächsten Mathe-Arbeit mindestens mit einer 4 nach Hause kommst, auf Discoabende verzichtest, dich endlich einmal konzentrierst und mir und deiner Mutter zeigst, was in dir steckt! Schließlich habe ich das Abitur auch geschafft, und ich hatte es nicht immer leicht.«

Besser wäre folgender Ansatz: »Was muss gelingen, damit du dein Ziel erreichen kannst?«

Vielleicht kommt es ja zu einer Überraschung: »Papa, ich will dieses blöde Abitur nicht machen! Ich will Rockmusiker werden!« Das wäre doch was!

Unrealistisch? Wollen Sie den Vorstand kennenlernen, der tagsüber in seinem Büro leidet und vom Abend träumt, weil er dann endlich Musik machen kann, nur hat er sich leider erst mit fast 60 diesen Lebenszweck eingestanden – zu spät.

Also, weiter im Abitur. Noch einmal zu der Frage: »Was muss gelingen, damit du dein Ziel erreichen kannst?« Vielleicht kommen der Vater, der Sohn oder ein aufmerksamer Lehrer auf die Idee, dass hier Übungsaufgaben der richtige Weg sein könnten. Frage an den Kandidaten: »Wie müssen Übungsaufgaben gestaltet sein, damit du täglich 5 löst und dabei 3 richtig hast?«

In dem dann folgenden Gespräch und Suchvorgang wird festgelegt, dass sobald 4 oder 5 der Aufgaben richtig gelöst werden, der Schwierigkeitsgrad angehoben wird. Das Gelingen dieser Übungen wird dazu führen, dass der Schwierigkeitsgrad selbstsuchend gesteigert wird.

Ein Beispiel aus dem Bereich Vertrieb:

Das Ziel an den Verkäufer »Sie müssen mehr Kundenbesuche machen, um die gesetzten Umsatzziele zu erreichen!«, führt garantiert ins Leere.

Besser wäre die folgende Fragestellung: »Wie könnte eine Umsatzsteigerung sofort gelingen – ohne externe Hilfe – also nur durch persönliche Leistung?«

Eine Computerverkäuferin klagte im September, dass sie nicht wisse, wie sie es schaffen soll, ihr Jahresziel von 60 verkauften Anlagen noch zu erreichen, wenn sie bis dahin erst 20 Stück verkauft habe. Frage: »Was könnten Sie tun, um zunächst nur einen einzigen Computer zu verkaufen? Und bis wann wird Ihnen das gelungen sein?«

In diesem Fall dauerte es tatsächlich 4 Tage, bis dieser Abschluss unter Dach und Fach war. Es mag sein, dass tatsächlich das alte Jahresziel nicht mehr erreicht worden ist, doch die Verkäuferin kam in das Feld des Gelingens zurück – und das allein war wichtig.

Das Gelingen ist wichtiger als das Ziel!

Wenn Mitarbeitende den gelassenen Umgang mit Gelingenszielen zu beherrschen gelernt haben, können sie auch sehr wohl mit abstrakten und fremdbestimmten Planzielen erfolgreich umgehen.

Die erforderlichen Gespräche für diesen Lernprozess werden zentral von der Frage: »Wie wollen Sie die Aufgabe angehen?« geleitet.

Dass die Zielsetzung keineswegs unproblematisch ist, lässt sich leicht an den Versuchen erkennen, Zielsetzungsmethoden »attraktiv« aufzumotzen. Als Beispiel sei hier die SMART-Definition von Zielen erwähnt. Diese wurde erstmalig von G. T. Doran in der *Management Review* vorgestellt. Der Begriff »smart« wird bei PONS u.a. als »schick, flott« übersetzt. Und als Akronym sollen dann wohl die Ziele und ihre Bedingen oder Voraussetzungen als »schick« verstanden werden.

	Ziele	Kriterium	Köhlers Kommentar
S	spezifisch	sollen eindeutig und präzise formuliert sein	spricht nichts dagegen
M	messbar	müssen Messbarkeitskriterien haben	einverstanden
A	akzeptiert	müssen von den Empfängern akzeptiert werden	und damit ist das Problem klar umschrieben: müssen akzeptiert werden – das ist dann keine freie Entscheidung, sondern ein Diktat
R	realistisch	Ziele müssen möglich sein	wer entscheidet, was möglich ist?
T	terminierbar	die klare Zeitvorgabe gehört zum Ziel	einverstanden

Eine besondere Sprengkraft liegt in der Formulierung: »… müssen akzeptiert werden …!« Ich halte das für einen gefährlichen Unsinn! Es ist das Wort *müssen*, das in die falsche Richtung weist. Wenn Mitarbeitende ein Ziel nicht akzeptieren, dann macht es keinen Sinn, von ihnen genau das zu verlangen. Selbst wenn Mitarbeitende unter dem Druck »… es kann hier nicht jeder machen, was er will …« zustimmen, bleibt es letztendlich doch bei einem wertlosen Lippenbekenntnis. Und dann tritt genau das ein, was abgewendet werden sollte, es macht nämlich dann doch jeder, was er will.

Eine Wirkung dieser falschen Zielvereinbarung ist bekannt: bei Nichterreichung des Zieles fällt die Schuld immer auf den Initiator der Zielvereinbarung zurück – im Normalfall auf den direkten Vorgesetzen.

Es könnte eingewendet werden, dass Mitarbeitende, wenn sie ihre Ziele immer selbst wählen dürfen, diese zu niedrig ansetzen, um sich selbst nicht zu überfordern, frei nach dem Motto: »Vorsicht ist die Mutter der Porzellankiste!« In diesem Zusammenhang ist ganz interessant, dass Führungskräfte berichten, dass Mitarbeitende eher dazu neigen, sich bei Zielsetzungen zu überschätzen. Das kann genauso gut auch das Misstrauen von Führungskräften ausdrücken, die nicht zulassen können oder wollen, dass Mitarbeitende über sich hinauswachsen könnten.

So entwerfen Sie ein Gelingensfeld

Um noch einmal den Unterschied zwischen einem Ziel und einem Gelingensfeld deutlich zu machen, bietet sich das folgende Bild an: Das Ziel erkennen Sie an einem weißen Band, das bei Erreichen durchtrennt wird.

Das Gelingensfeld ist die Strecke bis zum Zielband. Vielleicht erinnern Sie sich noch an den Satz: »Der Weg ist das Ziel!« Gemeint ist damit im Zen-Buddhismus klar aufzuzeigen, dass das bloße Erreichen eines Ziels weniger wertvoll ist, als alles Erlebte auf dem Weg dorthin.

Ziele sind abstrakt. Sie werden also immer als Zahl beschrieben, auf einer Zeitschiene festgemacht und schriftlich formuliert. Ziele werden über »Was«-Fragen erklärt.

Gelingensfelder beschreiben erlebbare Gelingensleistungen. Sie werden durch »Wie«-Gespräche entwickelt. Wenn man mit seinen Mitarbeitenden nur bespricht, was zu tun ist, dann bedeutet das aber noch keine garantierte und befriedigende Zielerreichung.

Ganz anders das »Wie«-Gespräch. Jetzt geht es darum, wie etwas geschehen soll. Die Art und Weise wird beschrieben. Ob ein Mensch oder eine Unternehmung »erfolgreich« ist, hängt allein von der Vorgehensweise ab, nicht von der Summe im Ziel. Es ist also eine energetische Frage, die die Vorgehensweise beschreibt. Die Aufforderung »Hau eine Delle ins Universum!« ist wichtiger als die Festlegung, wie tief diese Delle sein soll.

Der kulturelle Unterschied im Führungsalltag besteht darin, dass zukünftig das »Wie« zum erlaubten Primärthema wird. Gelingensgespräche befassen sich mit den vorhandenen Zuständen, die aus eigenem Willen und eigener Kraft verändert werden sollen, und den vorstellbaren Möglichkeiten. Es wird vor allem geklärt, was den anderen Mitarbeitenden als möglich erscheint. Führung bedeutet: Gelingen fördern und Gelingen ermöglichen.

Gelingensgespräche sind menschlicher, psychologisch wirksamer und in jedem Fall realitätsnäher, als andere Formen der Zielfestlegung. Dadurch werden sie von den Mitarbeitenden schneller akzeptiert, als andere Vorgehensweisen. Der Kern des Gelingensgespräches ist leistungs- statt ergebnisbezogen. Vereinbarte Zielwerte dienen nur zur Selbstkontrolle, nicht zur Fremdkontrolle.

Natürlich ist es klug, die Gelingensfelder an den Entwicklungsstand der Mitarbeitenden anzupassen. Zu Beginn jeder Entwicklung muss ein »Einstiegs-Gelingen« so günstig wie möglich gestaltet sein, damit sich positive Erfahrungen machen lassen – und das durchaus auch in kleinsten Schritten.

Nach diesen ersten Erfahrungen und gelingensorientiertem Erfahrungsaustausch kann das »Fortschrittsgelingen« angegangen werden. Es werden Erfahrungen gesammelt, wenn zum Beispiel mit dem Zeitfaktor variiert wird, oder wenn der Schwierigkeitsgrad selbstgewählt erhöht wird und wenn aus möglichen Widerständen Erkenntnisse, weiterführende Ideen und damit völlig neue, unbekannte Gelingensfelder destilliert werden.

Selbst das »Meistergelingen« ist ohne Zielendpunkt vorstellbar, solange alle Herausforderungen akzeptiert sind. Stetes

Wachstum und Lernen bleiben so stärkster Motor, um sich weiterzuentwickeln.

Durch das Führen von Gelingensgesprächen werden die sogenannten Problemlösungsgespräche überflüssig! Es wird nicht diskutiert, warum ein Problem zum Problem wurde, oder wie man ein Problem lösen könnte. Es wird nur über das Gelingen selbst gesprochen – das Gelingen wird zum Freund erklärt.

Praktisches Beispiel: Fragen Sie einen Verkäufer, ob er sich vorstellen könnte, innerhalb einer Woche eine Maßnahme durchzuführen, die sein geplantes Jahresergebnis um 0,5 Prozent erhöhen würde. Die überraschende Antwort: Das ist für Verkäufer überhaupt kein Problem und gut vorstellbar. Die 0,5 Prozent wirken auch nicht als Zahl, sondern werden symbolhaft als superleicht empfunden. Und deshalb werden sehr schnell Ideen und Maßnahmen entwickelt, präsentiert und zur Durchführung gebracht. Das gelingt einfach!

Bleibt nur eine Frage: Wenn das innerhalb einer Woche möglich ist, warum ergreifen diese Verkäufer nicht Gelingensmaßnahmen, um 52 Wochen lang ihr Ergebnis um 0,5 Prozent zu erhöhen? Das ergäbe ein Jahresplus von 26 Prozent. Wie würden Sie oder Ihr Unternehmen dastehen, wenn Ihnen so etwas gelänge?

Auf dem Verkaufsmarathon 2010 in Essen habe ich mit 160 Teilnehmern genau so eine Gelingensmaßnahme durchgeführt. Die Feedback-Ergebnisse waren verblüffend, überraschend und in einigen Fällen gigantisch.

Verkäufer von Hochdruckreinigern berichten von einem Umsatzzuwachs von 29 Prozent. Ein Verkaufstrainer (!) erreichte in 12 Monaten eine Zielüberschreitung von 56 Prozent. Dieser Verkaufstrainer sagte später aus, dass er sich ein solches Wachstum nicht vorstellen konnte – er konnte sich das Gelingen nicht vorstellen und stagnierte deshalb seit Jahren! In einem Softwarehaus wurde das Unternehmensergebnis im Verhältnis zum Vorjahr um 55 Prozent überschritten, gemeinsam von 35 Mitarbeitenden. Und jetzt zur Krönung: »Ich habe mein Ziel um 300 Prozent überschritten!«

Das ist eine schier unglaubliche Zahl! Das musste geklärt werden. Wie sich herausstellte, war Folgendes passiert: Die Zielvorgabe bei dieser Mitarbeiterin durch ihren Chef war viel zu gering. Er hatte ihr nichts zugetraut. Und immer hatte diese Frau ihrem Chef geglaubt – sich selbst nichts zugetraut – und die Ergebnisse entsprachen demzufolge auch der Voraussage ihres Chefs. Bis sie sich sagte: »Das kann doch gar nicht sein, dass ich so eine Pfeife bin!« Sie haute eine Delle in ihr Universum! Erreichte auf einmal völlig andere Ergebnisse – und verließ das Unternehmen.

Gelingensfelder machen glücklich!

Auf einen ganz besonderen Punkt bei den Gelingenfeldern muss hingewiesen werden: Gelingensfelder können ohne Rücksicht auf eine irgendwie begründete Motivation entwickelt werden, da ja die Frage des »wie« und nicht des »warum« beantwortet wird. Das ist ein Stück gewonnene Freiheit, sowohl für den Mitarbeitenden als auch für die Führungskraft.

Menschen begeistern – für eine gute Zusammenarbeit!

Den folgenden Dialog hat es wirklich in einem Führungsseminar gegeben: »Herr Köhler – Sie glauben gar nicht, was ich für blöde Mitarbeiter habe!« Ich fragte zurück: »Und wer hat die eingestellt?« Da war dieser Chef aber so richtig sauer!

Viele Chefs wissen natürlich um die Bedeutung von Arbeitslust und Motivation, kennen den Zusammenhang von Denken und Handeln und sind sich der Bedeutung von Führung und Motivation in Wirkung auf jedes Arbeitsergebnis bewusst.

Trotzdem taucht die Frage auf: Wieso entspricht das Verhalten von Führungskräften in weiten Teilen überhaupt nicht dieser Tatsache? Und wieso entspricht das Verhalten von Mitarbeitenden häufig genug überhaupt nicht den Vorstellungen von Führungskräften? Was läuft da schief?

Verrückte? Monster? Mitarbeitende!

Die richtige Auswahl von Mitarbeitenden ist von strategischer Bedeutung. Um nicht das, was ohnehin bekannt ist, zu wiederholen: 4 Geschichten, die vielleicht helfen können, bekannte Muster zu durchbrechen, um auch hier ein neues Gelingensfeld zu eröffnen.

Eine Macke wird zur Berufung

In jeder Zahnarztpraxis ist die Sterilisierung aller Instrumente eine Kernpflicht. In einer kleinen Praxis sind dafür nur wenige Quadratmeter vorgesehen, mit 1 bis 2 Geräten und partiell eingeteilten Mitarbeiterinnen. Ganz anders sieht das in einer großen Klinik aus. Und genau darum geht es hier. Man braucht natürlich nicht nur Räume und Geräte, sondern auch Menschen, die diese Arbeit mit allergrößter Sorgfalt ausführen. Das Problem in dieser Zahnklinik bestand darin, dass sich keine Zahnarzthelferin fand, die bereit gewesen wäre, diese Arbeit, die eben vor allem aus Sorgfalt bestand, ganztägig zu übernehmen. Denn weder handwerklich noch intellektuell war diese Arbeit eine besondere Herausforderung. Die Fluktuationsrate war hoch, es herrschte allgemeine Unzufriedenheit, selbst überzeugendste Argumente, und angebotene Gehaltserhöhungen erbrachten kein befriedigendes Ergebnis.

Das sollte sich eines Tages ändern. Die Inhaberin dieser Klinik war über das Verhalten einer Mitarbeiterin sehr besorgt – sie machte einen unglücklichen Eindruck. Auf die Frage, was denn los sei, platzte die junge Frau heraus und sagte. »Meine Mutter nervt total. Die spinnt! Die ist krank! Die hat 'nen Aufräum- und Putztick und unsere ganze Familie leidet darunter!«. Die Klinikchefin erkannte sofort: Das war die Lösung des Problems: »Ich möchte unbedingt ihre Mutter kennenlernen!« Das Ende der Geschichte? Mit Ende 50 findet diese Frau eine Aufgabe, die ihr wie auf den Leib geschneidert ist! Endlich konnte sie ihre Putz- und Ordnungsliebe – vielleicht dem Wahn nahe – zur Freude aller ausleben. Jeder Tag war ein gelungener Tag!

Der Mann, der nicht führen konnte

In einem Automobilzulieferwerk wurde ein Führungsseminar vorbereitet. Ich war dort als Trainer tätig. Bei der Vorbesprechung wurde auf einen Teilnehmer hingewiesen, der insgesamt als schwache Führungskraft galt. Und tatsächlich machte dieser Teilnehmer im Seminar einen eher überforderten Eindruck. Täuschung? In einer der nächsten Seminarsequenzen ging es um die Frage des sozialen Engagements. Dieser Teilnehmer berichtete zunächst, dass er in einem Schützenverein sei. Dann erweiterte er seine Aussage: »Aktiv.« Ich fragte: »Wie aktiv?« – »Im Vorstand.« – »Als was?« – »Vorsitzender.« – »Wie viele Mitglieder hat denn Ihr Schützenverein?« – »1.700!« Jetzt mal unter uns: Wie kann jemand Vorsitzender eines Schützenvereines sein, mit einer Mitgliederzahl, die glatt der Belegschaft eines mittelständischen Unternehmens entspricht, wenn der gleiche Mann in einem anderen Zusammenhang als führungsschwach eingestuft wird? Wer täuscht hier eigentlich wen?

Wenn Meister träumen

Anlässlich einer Inhabertagung von 20 Handwerksbetrieben wird das Thema »Mitarbeiter« auf die Tagungsordnung gesetzt. Nach einigem Hin und Her und den üblichen Klagetexten, wie schwierig es doch sei, qualifizierte Mitarbeitende, insbesondere Führungskräfte und Meister zu finden, entschließen sich diese Inhaber, ein Anforderungsprofil für solche Mitarbeitende zu entwerfen, um endlich Klarheit zu bekommen, wen sie denn nun tatsächlich suchen. Mit großem Eifer, unter Einsatz der Metaplantechnik, eine besonders die Kreativität von Gruppen fördernde Pinnwandmoderation, entsteht innerhalb kürzester Zeit ein sehr übersichtliches Profil. Danach – lähmendes Schweigen. Bis es aus einem der Teilnehmer herausbricht: »Wir sind doch alle erfolgreiche und selbstständige Inhaber, oder? Doch niemand von uns entspricht auch nur annähernd diesem Profil. Wir suchen keine Meister – wir suchen ein Monster!«

Konsequenzen für die Einstellung von Mitarbeitenden: Werden nicht möglicherweise Anforderungsprofile entworfen, die einerseits nie die Chance haben, durch eine real existierende Person aus- oder erfüllt zu werden, anderseits nie den Suchenden befriedigen können, weil letztendlich doch etwas ganz anderes gesucht wird.

Müssen Hebammen studieren? Besser nicht!

Während ich dieses Buch schreibe, diskutiert Deutschland gerade die Frage, ob Hebammen, Pflegekräfte, aber auch Logotherapeuten eine akademische Bildung brauchen. Etwa 20 Prozent eines Jahrganges sollen dann befähigt werden, wissenschaftlich zu arbeiten. Als Begründung werden die immer komplexer werdenden Aufgaben genannt. Doch wer wissenschaftlich arbeitet, wird höchstwahrscheinlich den Menschen aus den Augen verlieren.

Hebammen müssen etwas ganz anderes können: Zuwendung und Hingabe an die werdende Mutter, das Kind und die umgebende Familie schenken. Und das braucht Zeit. Es werden Mitarbeitende gesucht und gebraucht, die sich gerne weiterbilden, um Therapieformen zu erlernen, um an ihrer Kommunikationsmethodik zu feilen. Wer heute Hebamme wird, hat anspruchsvollere Aufgaben, bessere Bezahlung und mehr Anerkennung verdient.

Dann könnte daraus wieder ein Gelingensfeld werden, das seinen Namen verdient.

Haben Sie schon innerlich gekündigt?

Tja, und dann kommt das Gallup-Institut mit seinem »Engagement Index 2012«. In dieser Befragung, die seit vielen Jahren durchgeführt wird, geht es um die emotionale Bindung am Arbeitsplatz.

Zunächst das Ergebnis in Zahlen:

Mitarbeitende mit hoher emotionaler Bindung zum Arbeitsplatz:	15 Prozent
Mitarbeitende mit geringer emotionaler Bindung zum Arbeitsplatz:	61 Prozent
Mitarbeitende ohne emotionale Bindung zum Arbeitsplatz:	24 Prozent

Selbst wenn man die Zahlen nicht absolut nimmt, sondern nur im Verhältnis zueinander betrachtet, bleibt das Bild katastrophal! Knapp ein Viertel aller Mitarbeitenden fühlt sich emotional *nicht* an das Unternehmen gebunden, hat also bereits innerlich gekündigt – ja, sie arbeiten aktiv gegen die Interessen des eigenen Unternehmens! Unglaubliche 2 Drittel der Mitarbeitenden leisten Dienst nach Vorschrift – nine to five!

Und die Auswirkungen?

- Produktivitätseinbußen als volkswirtschaftlicher Schaden in Höhe von ca. 125 Milliarden Euro.
- Die emotional ungebundenen Mitarbeitenden produzieren rund 28 Prozent mehr Fehlzeiten als andere.
- 59 Prozent der emotional ungebundenen Mitarbeitenden schließen nicht aus, dass sie in den nächsten zwölf Monaten kündigen werden.
- 45 Prozent der emotional ungebundenen Mitarbeitenden würden sofort ihren direkten Vorgesetzten feuern, wenn sie dazu die Möglichkeit hätten.

Man könnte das Ergebnis des Gallup-Instituts auch anders interpretieren – nämlich nach dem alten Pareto-Prinzip. Dann würde das bedeuten, dass 20 Prozent aller Mitarbeitenden etwa 80 Prozent der positiven Arbeitsergebnisse produzieren. Zu denen zählen Prozessoptimierungen ebenso wie Arbeitseinsätze, die nur mit einem hohen emotionalen Engagement zu erklären sind. Nach dem Pareto-Effekt würde das auch bedeuten, dass 80 Prozent der Mitarbeitenden nur gering bis gar nicht an dem Arbeitsergebnis beteiligt sind.

Wer motiviert eigentlich wen?

Einmal angenommen, man könnte den Grad der Arbeitsmotivation eines Menschen messen – maximal mit 100 Prozent. Unterstellen wir gemeinsam folgende Situation: Heute ist der erste Arbeitstag eines neuen Mitarbeiters, der seine erste Vollzeitarbeitsstelle in einer x-beliebigen Firma antritt. Wie hoch schätzen Sie die Arbeitsmotivation bei diesem Kollegen ein? Genau: 100 Prozent!

Ein Jahr später treffen wir diesen Menschen wieder und messen erneut seine Motivation. Unterstelltes Ergebnis: nur noch 40 Prozent – und das ist jetzt nicht überraschend, wenige Wochen später kündigt dieser einmal so hochmotivierte Mitarbeiter. Der Wechsel in ein anderes Unternehmen gelingt schnell – gute Fachleute sind knapp. Auch hier wieder eine Einstiegsmotivation von 100 Prozent. Doch schon nach vier Wochen ist klar, dass die Probezeit nicht voll genutzt wird. Er kündigt wieder selbst. Der nächste Job wartet nicht lange, und erneut beginnt das Arbeitsverhältnis mit 100 Prozent Motivation. Überraschenderweise bleibt der Mitarbeitende auch hier nur 12 Monate, um dann entnervt zu kündigen. Wie die Geschichte weitergeht, wissen Sie ja bereits …

Falsch gedacht! Tatsächlich würde dieser Mitarbeitende jetzt nicht auch zum vierten Mal mit 100 Prozent Motivation einsteigen. Er steigt bei 20 Prozent Motivation ein – er hat dazugelernt und gehört jetzt zu den Arbeitnehmern mit geringer emotionaler Bindung.

Wer hat denn eigentlich dafür gesorgt, dass es dieser Mitarbeitende vier Mal geschafft hat, auf einen Motivationsindex von 100 Prozent zu kommen? Irgendeine Führungskraft? Ein Motivationsseminar? Keineswegs! Das hat dieser Mitarbeitende ganz alleine mit sich gemacht. Er allein hat die Fähigkeiten, sich zu motivieren.

Nun könnte man natürlich trefflich darüber diskutieren, ob dieser Kollege sich nicht jedes Mal etwas »vorgemacht« hat – das ist eben die Realität! Das wäre zu einfach.

Viel realistischer ist die Annahme, dass es – aus welchen Gründen auch immer – zu klassischer Demotivation gekommen ist.

Auch die neue Einstellung hat unser Mitarbeiter angenommen. Er ist doch nicht blöd. Dumm nur für das Unternehmen, das diesen Kollegen eingestellt hat. Es wird nie erfahren, was da für eine Perle unter seinen Mitarbeitern schlummert.

Werte sind nichts wert

Was passiert eigentlich mit Menschen, denen man ständig suggeriert und klar macht, dass sie nichts wert sind, sondern nur zu viel kosten?

Die klassische Nachricht ist doch x-beliebig austauschbar: »Konzern streicht tausend Stellen!« Diese Standardnachricht gehört für uns zum Alltag. Doch was bedeutet sie genau? Sie bedeutet, unreflektiert und als Dauerbrenner in der Nachrichtenwelt, dass Menschen sich selbst als Kostenfaktor sehen, der entlassen wird, wenn die Luft dünn wird.

In jeder Unternehmensbilanz wird der Wert der Dinge dokumentiert: Maschinen gehören zum positiven Anlagevermögen, während Gehälter als Kosten verbucht werden. Das mag sachlich gerechtfertigt oder logisch sein, für die Motivation der Menschen ist es aber eine Katastrophe.

Vertrauen ist die Grundlage für Zusammenarbeit

Das Fundament der Wirtschaft sind Zahlen – könnte man meinen. Doch das ist nur die halbe Wahrheit. Wirtschaft und Wirtschaftsnachrichten sind tatsächlich reine Psychologie! Wirtschaft lebt von Stimmungen, also auch von der Stimmungsmache. Und Wirtschaft lebt von Vertrauen und braucht dieses als hohes Kapital. Dieser Binsenweisheit würde auf keinem Managerkongress oder Unternehmertag widersprochen werden. Und doch hält diese Aussage: »Vertrauen ist die Grundlage von Zusammenarbeit« einer ersten Prüfung nicht stand. Ist es nur ein Lippenbekenntnis? Braucht das die »Zusammenarbeit« gar nicht? Reichen vielleicht Angst und Repression aus?

Schauen wir uns gemeinsam einige Nachrichten vom 13. Dezember 2011 an:

Auf der Titelseite der *Süddeutschen Zeitung* wird berichtet, dass bei den deutschen Stromkonzernen 20.000 Jobs wegen des Atomausstieges wegfallen werden. EON streicht allein in Deutschland 6.000 seiner 80.000 Stellen. Das sind allerdings nur 7,5 Prozent der Belegschaft. Denn das lernt jeder BWL-Student: Lohnkosten können sich so leicht um 10 Prozent senken lassen. Und auch diese Binsenweisheit hat jeder Consultant in seinem Repertoire: Lohnkosten sind immer zu hoch! In diesem Nachrichtenblock wird weiter beschrieben, dass EON sich von der Ruhrgas trennen will, um diese an die Allianz zu verkaufen. Was wird passieren? Die Allianz wird der Ruhrgas den Kaufpreis als Schuldenrechnung präsentieren – und dann haben die in Essen wirklich ein Problem. Die Geschichte wiederholt sich – siehe Dresdner- und Commerzbank.

In der gleichen Ausgabe, auf Seite 4 und 8 (Cerstin Gammelin: *Ich suche keine Talente!*), wird das Comeback von Karl-Theodor zu Guttenberg beschrieben und kommentiert. »Ich suche Talente, keine Heiligen«, sagt die Niederländerin Neelie Kroes, als sie ihren neuen Berater präsentiert. Die fragende Journalistin bringt es auf den Punkt: »Wenn Sie jetzt für mehr Freiheit im Internet werben, plädieren Sie dann für *copy and paste für alle*?« Hier ein Auszug aus dem Kommentar: »… einen Mann – der freundlich ausgedrückt – in seinem Heimatland zutiefst umstritten ist. Einen Mann, der aus seiner Heimat floh, nachdem er sich um Kopf und Kragen kopiert und geredet hatte und dabei sämtliche Akademiker des Landes beleidigte …« (Cerstin Gammelin: *Peinliches Comeback*).

Auf Seite 16 folgt die nächste Vertrauensgeschichte. Aus der Zentrale der Deutschen Stiftung Organtransplantation wird ein anonymer Brief an den Gesundheitsminister verschickt, in dem unter anderem das Verhalten von 2 Vorständen angeprangert wird. Diesen beiden wird vorgeworfen, dass sie einerseits Kassengelder verschwenden, anderseits nach Gutsherrenart führen und ihre Mitarbeiter durch ihre Kontrollwut demotivieren würden. Der Brief sei aus guten Gründen anonym, verteidigen sich die Autoren: »Ein offener Dialog wäre uns lieber, doch ein Großteil der Mitarbeiter (der DSO) lebt unter ständiger Angst«. Sie würden »regelmäßig vom Vorstand eingeschüchtert. Bei kritischen Äußerungen werden Abmahnungen oder Kündigungen ausgesprochen. Auch bei erkrankten Mitarbeitern kennt der Vorstand keine Gnade« (Christina Berndt: *Organversagen*).

Kaum sind diese Zeilen geschrieben, berichtet das *Handelsblatt-Morning-Briefing* von folgender Geschichte.

Der Vorstandschef der Deutschen Bank verschickte folgende E-Mail an seine Mitarbeiter:

> *Liebe Kolleginnen und Kollegen,*
> *wie ich weiß, engagieren sich viele von Ihnen ehrenamtlich in gemeinnützigen Vereinen, Bildungseinrichtungen, für die Umwelt oder an sozialen Brennpunkten und übernehmen so ganz persönlich gesellschaftliche Verantwortung. Dies erfüllt mich mit Stolz und Freude. Denn nur indem wir Verantwortung gegenüber der Gesellschaft persönlich und authentisch vorleben, wird es uns gelingen, verlorenes Vertrauen in der Öffentlichkeit zurückzugewinnen. Um Ihren persönlichen Einsatz zu würdigen, wollen wir dieses Jahr erstmalig in Deutschland – und zukünftig auch international – einen Mitarbeiterpreis für soziales Engagement vergeben. Ich freue mich auf Ihre Teilnahme und darauf, die Gewinner persönlich auszuzeichnen.*
> *Ihr*
> *Josef Ackermann*

Resümee?

In der Geschichte »EON und Energie« ist der Beginn der Vertrauenskrise in Unternehmenslenker dokumentiert.

Die Guttenberg'sche Karriere ist nur schamlos. Doch so ein Mann verschwindet nicht beschämt in Demut, sondern parliert auf dem Boulevard.

Was könnte man aus der DSO lernen? Alltag, nichts anderes, als sich ständig wiederholender Alltag in Unternehmen, Verbänden, Parteien, Handwerksbetrieben, Kirchen, Organisationen aller Art und in Familien.

Und beim Brief vom Ackermann – war da nicht vom Vertrauensverlust die Rede? Sic!

Überlegen Sie doch bitte: Der 13. Dezember 2011 ist doch ein ganz normaler Dienstag, die *Süddeutsche Zeitung* ist nur eine von vielen Zeitungen. Was geschieht im Bewusstsein von Menschen, wenn dieser feine Hagel solcher Nachrichten ständig in das Gehirn prasselt? Hilft da noch die Nachricht vom gleichen Tag, die ich auf SWR1 hörte: »Bei Daimler wird über die Weihnachtsfeiertage durchgearbeitet!« und befragte Mitarbeiter im Radiosender SWR1 sagen: »… subba, prima, das machen wir gerne!«? Diese Nachricht hilft eben nicht mehr! Es ist nicht wirklich schwer vorauszusagen, was geschehen wird: Das Misstrauen wird weiter wachsen! Das Klima wird sich weiter vergiften! Für mich ist es geradezu unerträglich, wenn ich mir vorstelle, in welcher emotionalen Giftküche sich Unternehmensleitung und die Mitarbeitenden täglich begegnen! Da kann doch niemand mehr arbeiten wollen, dass muss krank machen. Punkt!

Die folgende Geschichte darf ich Ihnen nicht vorenthalten. Im *Streiflicht* der *SZ* vom 10. Oktober 2013 war zu lesen: »Wenn der Vorstandschef in die Firma kommt und sagt: ›Kollegen, es sieht nicht gut aus!‹, dann wissen die Kollegen: Es sieht nicht gut aus. Spricht er aber: ›Liebe Mitarbeiter, wir werden am Ende des Tages wieder gut aufgestellt sein und Zahlen generieren, die Freude machen; dazu aktivieren wir auf klar definierten Aktionsfeldern zuvor Synergieeffekte und sozialverträgliche Abbaupotenziale.‹ – dann sollten die Beschäftigten alle Hoffnung fahren lassen. Dann hat kein Mitarbeiter verstanden, worum es geht. Denn was der Mann meint, ist ja: Wir im Management haben den Betrieb an die Wand gefahren, aber den Schaden habt ihr kleinen Lichter, ihr werdet jetzt gefeuert.«

Köhlers Vorschlag für Vorstände

Halten Sie folgende Rede oder versenden Sie diesen Text als Brief: »Liebe Kolleginnen und Kollegen, die Wahrheit ist folgende: Das Management unseres Unternehmens hat es nicht geschafft, Produkte zu entwickeln oder herzustellen, die von unseren Kunden mit Begeisterung gekauft worden wären. Wir haben zu viele Mitarbeiter an Bord. Damit die meisten überleben können, werden wir uns von 10 Prozent aller Mitarbeitenden in den nächsten 12 Monaten trennen. Das betrifft also genau 680 Leute. Wenn der 679-te das Werk verlässt, werde ich selbst als Letzter gekündigt. Ohne Abfindung. Ohne Polster. Und das ist gut so.«

So entsteht Vertrauen

Die einfachste Form, um in einem Unternehmen Vertrauen aufzubauen ist die mit-geteilte Information. Jemanden ins Vertrauen zu ziehen geht doch nur, wenn eine Information, ob gesprochen oder gezeigt, mitgeteilt wird. Das Gegenteil ist genauso schnell zu erreichen – die vorenthaltene Information, aus Nachlässigkeit oder Absicht, führt unweigerlich zur Störung im Vertrauensverhältnis.

Belanglose Informationen sind wertlos. Doch niemand kann richtig abschätzen, welche Information in welcher Situation und in welchem Bezugsrahmen nun eher belanglos oder wertvoll ist – oder sogar ein Geheimnis darstellt.

Das Teilen von Informationen bedeutet für einige Menschen Machtverlust, macht sie nach eigenem Verständnis verletzlich. Das genaue Gegenteil ist auch erlebbar: Der scheinbare Machtverlust, die Bereitschaft, verletzlich zu sein, stärkt Persönlichkeit und Beziehung.

Wertschöpfung durch Wertschätzung

Das Streben nach »mehr«, das unsere gesamte Gesellschaft durchzieht, und sich nicht nur auf die Wirtschaft beschränkt, verlangt eine Geisteshaltung der Wertschätzung, die häufig zu vermissen ist. Wer wirklich davon überzeugt ist, das die Wertschöpfung kein abstrakter Begriff ist, sondern treffliche Beschreibung von ganz natürlichem Wachstum und dem Wunsch nach Verbesserung aller nur vorstellbaren Zustände, der müsste auch erkennen, dass die Wertschätzung die absolute Voraussetzung für Wertschöpfung ist!

Das geht aber gründlich schief,

- wenn Mitarbeitende zum Kostenfaktor degradiert werden!
- wenn Frauen geringer als Männer bezahlt werden, und zwar aus Prinzip!
- wenn Kunden zu Endverbrauchern degradiert werden!
- wenn der Mittelstand mit Phrasen bedient wird!
- wenn der Flugreisende zum potenziellen Terroristen mutiert!

- wenn staatliche Regelwut sich nicht mehr vorstellen kann, dass Bürger selbst entscheiden können!
- wenn Lehrer durch nachlässige Kleidung und fehlendes Engagement ihr Desinteresse an den Schülern unterstreichen!
- wenn Verkäufer ihre Kunden als Störfaktor verstehen!
- wenn wir vor lauter *billig, billig* die Grundlagen unserer Existenz systematisch zerstören!

Ein besonders krasses Beispiel für fehlende Wertschätzung lieferte der damalige Bundeswirtschaftsminister Philipp Rösler, der den 11.000 arbeitslosen Mitarbeitenden von Schlecker tatsächlich empfahl: »… eine Anschlussverwendung selbst zu finden …«. Sein Parteikollege Guido Westerwelle wollte da wohl nicht zurückstehen und ermahnte Hartz-IV-Bezieher: »… das ist dann allerdings kein Grund, in spätrömische Dekadenz zu verfallen!«

Nun gehören weder die Schleckerfrauen noch Hartz-IV-Empfänger zur FDP-Stammwählerschaft. Es war wohl die eigene Klientel, die sich bei so viel Zynismus angewidert bei der Bundestagswahl 2013 abwandte.

Erlauben Sie an dieser Stelle die Frage: Wie gehen Sie denn selbst mit sich um? Wertschätzend? Oder sind Sie auf der Jagd nach ein bisschen Erfolg in Wahrheit bereit, Ihren Selbstwert zu opfern?

Kann man das Gelingen-Wollen eigentlich durch Anreize steigern? Das perfide an jedem Leistungsanreiz besteht darin, ob nun als eine zusätzliche Prämie oder als Bonus – egal ob Geld- oder Sachwert –, dass man den Mitarbeitenden indirekt unterstellt, sie würden ihre tatsächliche Leistung nicht erbringen wollen oder werden! Das bedeutet, dass die so positiv gedachte Belohnung tatsächlich eine geringe Wertschätzung ausdrückt. Daraus erklärt sich letztendlich auch die Wirkungslosigkeit jedweder Boni.

Machen Sie mehr aus Ihrer Arbeit!

Es gibt keinen Arbeitsplatz, der nicht geeignet wäre, im eigenen Verständnis ausgeweitet zu werden. Klingt theoretisch? In jedem Arbeitsplatz steckt der Kern für ein lustvolles Wachstum in alle Richtungen.

Deshalb die folgende Empfehlung: Besprechen Sie mit Ihrem Chef niemals, wie unzufrieden Sie mit ihm sind – auch wenn er Sie dazu auffordern würde: »Nun sagen Sie mir doch mal Ihre ganz persönliche Meinung, und bitte ehrlich.« – und schon gar nicht, für wie doof Sie Ihre Kollegen halten. Ersparen Sie Ihrem Chef auch jegliches Lamentieren, was in der Firma alles falsch läuft.

Ich unterstelle jetzt einmal nachdrücklich Ihren Wunsch, in Ihrer Arbeit sowohl Erfüllung zu erleben, wie auch Karriere zu machen. Wenn keins von beiden Ihr mögliches Ziel ist, überspringen Sie dieses Kapitel.

Einfach ausgedrückt bekommen Sie Ihr Gehalt ja nicht für die Arbeit, die Sie verrichten, sondern für die Kompetenz, die Sie befähigt, diese Arbeiten auszuführen. Wenn das nun eine eher unterstellten als eine bewiesene Kompetenz ist, sollten Sie im ureigensten Interesse an der Ausweitung Ihrer Kompetenz arbeiten.

Lassen Sie uns neun Themenbereiche besprechen, von denen der Unternehmensberater Hansjürgen Schubert ausgeht, um die Wachstumstiefe von Arbeitsplätzen zu beschreiben.

In einer privaten Korrespondenz sagte Schubert zu mir: »Ich bin davon überzeugt, dass mit der Zielorientierung durch mehrere oder sogar alle Kriterien ein strukturierter Arbeitsverständnis-Dialog entsteht, der einerseits das Maß der Befriedigung in der Arbeit selbst erhöht, gleichzeitig aber die Karrierechancen für die einzelnen Mitarbeitenden deutlich erhöht – auch wenn hier zunächst nur von Mitarbeitenden ausgegangen wird, die keinerlei Führungsverantwortung haben.«

Erhöhen Sie den Wert Ihres Arbeitsergebnisses!

Ist Ihnen klar, welche Wertschöpfung an Ihrem Arbeitsplatz möglich ist? Vermutlich kann man gar nicht härter fragen. Grundsätzlich geht es bei jeder einzelnen Arbeit um nichts anderes, als um die Schaffung eines Wertes, der höher ist, als eingesetzte Energie oder Kapital. So grundlegend einfach ist das.

Überprüfen Sie genau, ob die Wertschöpfung, die Sie an Ihrem Arbeitsplatz ermöglichen können, tatsächlich so ist, wie Sie sich das ganz persönlich vorstellen. Es ist dann alles richtig, wenn Sie am »Ende des Tages« ein Ergebnis feststellen, das Sie so stolz macht, dass Sie davon voller Vergnügen Ihrer Familie oder Ihren Freunden berichten möchten.

Wenn Sie allerdings feststellen, dass genau dieser Zustand nicht zu Ihren normalen Eindrücken gehört, dann prüfen Sie bitte genau, ob Sie darin unterstützt werden, die Wertschöpfung an Ihrem Arbeitsplatz zu optimieren.

Wenn bei Ihnen der Eindruck besteht, dass Ihre Ideen wenig Zustimmung erhalten, oder sogar häufig abgelehnt werden, dann müssen Sie 3 Punkte klären: Liegt es an den Ideen selbst, oder an der Präsentation der Ideen oder an Ihrem Umfeld?

Behalten Sie die Übersicht!

Was macht Ihren Arbeitsplatz so reizvoll? Alle Dinge kommen ja irgendwoher, verweilen hier, und gehen dann an einen anderen Punkt weiter. Nichts anderes ist ein Prozess.

Und genau hier liegt der Reiz. Wenn Sie den Bereich, aus dem die Aufgabe kommt, genauso gut kennen, wie den Bereich, wo die Arbeit hingehen wird, und wenn Sie das, was dann dort geschieht, verstehen und einschätzen können, dann verfügen Sie über wirkliche Prozessübersicht.

Diesen Dreiklang hinzubekommen bedeutet, dass Sie die intellektuelle Initiative ergreifen oder schlicht und einfach lernen müssen, über Ihren Tellerrand hinauszudenken!

Was liefern Sie?

Ihre Prozessübersicht ist die Voraussetzung für Initiativen und Beiträge, die für Bereiche gedacht sind, aus denen das Projekt kommt und wo es hingehen wird. Je größer Ihre Übersicht, desto tiefer können Ihre Beiträge wirken.

Wer zahlt eigentlich Ihr Gehalt?

Es ist erstaunlich bis amüsant, mit welcher Regelmäßigkeit der Kunde und seine Bedeutung für das Unternehmen »entdeckt« oder »wiederentdeckt« wird! Es herrscht doch eigentlich kein

Mangel an Ideen und Konzepten, wie heute Kundenorientierung gestaltet sein muss. Es fehlt der unternehmenskulturelle Wunsch, die Kundenbeziehung zu *dem* Schlüsselkompetenzfeld zu machen! Deshalb vergessen Sie nie: Der Kunde zahlt Ihr Gehalt!

Es ist doch Ihr Ding!

Ihre Kompetenz ist keineswegs allein damit begründet, dass Sie für das, was geschieht und das, was nicht geschieht, die Verantwortung übernehmen. Viel entscheidender ist die übergreifende Mit-Verantwortung. Arbeitsprozesse lassen sich nur dann optimieren, wenn größer gedacht und demzufolge auch größer mit-verantwortet wird.

Missbrauchen Sie niemals Ihre Macht!

Jeder Arbeitsprozess ist dann zum Scheitern verurteilt, wenn Macht und Machtmissbrauch den Umgang mit Information bestimmen. Wie im Kapitel zuvor beschrieben, ist der Umgang mit Information der Humus, auf dem allein Vertrauen entsteht.

Hören Sie hin, fragen Sie nach und reden Sie mit!

Dieses Kompetenzfeld ist eine Schlüsselqualifikation. Wir müssen hier nicht diskutieren, ob Sie in irgendwelchen Netzwerken eingebunden sind. Lernen Sie schwimmen in dieser Flut! Diese Fähigkeit wird darüber mitentscheiden, wie gut Sie sich in dem gesamten Prozessablauf bewegen können.

Warum gut genug nicht gut genug ist

Vielleicht ist es mörderisch – aber weniger als 100 Prozent wird nicht mehr akzeptiert. Angenommen, die Stadtwerke würden mit 98-prozentiger Sicherheit Trinkwasser liefern, dann wäre das kein Grund zum Jubeln, sondern ein Grund zu großer Klage – die Bevölkerung wäre 7,3 Tage im Jahr ohne Trinkwasser. In Europa undenkbar!

Hören Sie nie auf zu träumen!

Der Begriff der Innovation ist keineswegs ein Wort der absoluten Verheißung! Wenn Innovationsbereitschaft eingefordert wird oder als Wesenszug herausgestrichen, dann bedeutet das nichts anderes, als die Tatsache, die Veränderung mit offenem Ausgang zu akzeptieren. Es spielt überhaupt keine Rolle, in welcher Funktion Sie tätig sind, auf welchem Gebiet Sie Experte sind, Ihr Alter und Ihre Ausbildung auch nicht – Veränderung bedeutet in jedem Fall Gefahr!

Und davor haben die meisten Kollegen und Führungskräfte Angst. Das wiederum führt zur Lähmung im Denken und Handeln. Wenn Sie es schaffen, die Gefahr als ein Gelingensfeld zu erkennen, dann ist der nächste Gedanke naheliegend: es ist Ihre Karrierechance schlechthin!

Jedes dieser vorab genannten 9 Kompetenzfelder kann Sie reicher an Erfüllung und ganz nebenbei – unglaublich gelassen machen.

Forrest Gump

Erinnern Sie sich noch an die Szene in *Forrest Gump*, als dieser an einer Bushaltestelle sitzt, eine Pralinenschachtel öffnet und folgende Worte zu einer mit ihm wartenden Frau sagt: »Das Leben ist wie eine Schachtel Pralinen. Man weiß nie, was man bekommt.«

Und so mancher Kinobesucher denkt sich: »Genau so ist das Leben. Eine Überraschung nach der anderen. Du weißt nie, was in der nächsten Praline steckt.« Wirklich weise, was da Forrest Gump von sich gibt? Niemals – nur grenzenlos naiv. Wenn ein etwas minderbemittelter Landtrottel seine Lebensgeschichte erzählt, dann besteht seine »Erfahrung« aus folgenden Erkenntnissen: Mach immer genau, was man dir sagt, bleib hübsch bescheiden, bleib vor allem in der Provinz – am besten in Alabama, verliere nie das Vertrauen in das Gute und am Ende wirst du reich!

Vielleicht geht Leben ganz anders? Die Pralinen sind gar nicht in der Schachtel. Wir – Sie und ich – können selbst beeinflussen, welche Pralinen in unsere Schachtel gehören. Und deshalb beginnt das nächste Kapitel mit einer unglaublich schönen Geschichte …

Die gelbe Tüte*

Ein Mann sitzt auf einer Parkbank, traurig und bedrückt. Er denkt über sein Leben nach und darüber, was alles schiefläuft. Ein kleines Mädchen, das durch den Park schlendert, sieht den Mann, bemerkt seine Stimmung und setzt sich zu ihm auf die Bank. »Warum bist du denn so traurig?« Der Mann antwortet geknickt: »Ach, weißt du, ich habe keine Freude im Leben. Ich weiß nicht, wie es weitergehen soll, alles und alle haben sich gegen mich verschworen und nichts läuft so, wie ich es will.« Das Mädchen schaut verwundert und fragt: »Wo hast du denn deine gelbe Tüte? Darf ich sie mal sehen?« Der Mann versteht nicht und erwidert: »Was für eine gelbe Tüte? Ich habe nur eine schwarze.«

Schweigend gibt er dem Mädchen die schwarze Tüte. Behutsam öffnete die Kleine die schwarze Tüte, erschrickt und sagt entsetzt: »Das sind ja nur schlimme Erlebnisse, Alpträume, Unglück, Schmerz und Leid!« Der Mann entgegnet traurig: »Das Leben ist eben so, da kann ich nichts machen.«

---

* Diese Geschichte beruht auf einer Erzählung von Anna Egger. Entnommen aus dem Buch »Erzählbar« – mit freundlicher Genehmigung von *manager-magazin*.

»Hier, schau«, sagt die Kleine und reicht dem Mann eine gelbe Tüte. Etwas unsicher öffnet der Mann diese, und er sieht ganz viele schöne Dinge: Sonnentage, glückliche Stunden, Lachen, Freude, Unbeschwertheit und Zufriedenheit. Er wundert sich, da das Mädchen noch jung ist, und fragt: »Wo ist deine schwarze Tüte?«

Die Kleine antwortet keck: »Die werfe ich jede Woche in den Müll und kümmere mich nicht mehr darum! Ich denke, es ist viel schöner und sinnvoller, meine gelbe Tüte immer weiter zu füllen. Da stopfe ich so viel wie möglich hinein und immer, wenn ich Lust dazu habe oder traurig bin, schaue ich hinein. Dann geht es mir gleich wieder besser. Wenn ich dann alt bin, habe ich eine ganz volle Tüte und kann mir viele schöne Erinnerungen anschauen!«

Der Mann ist verblüfft, und als er immer noch über die Worte der Kleinen nachdenkt, ist diese bereits verschwunden. Neben ihm liegt eine gelbe Tüte auf der Bank. Er öffnet sie zaghaft und bemerkt, dass sie fast leer ist. Nur ein herzliches Gespräch mit einem kleinen Mädchen ist darin.

Der Mann lächelt und steht auf. Er nimmt die gelbe Tüte mit. Auf dem Heimweg entsorgt er seine schwarze Tüte im nächsten Mülleimer.

Und warum machen Sie daraus keine »goldene« Tüte?

Könnte es nicht verschiedenfarbige Tüten geben? Grüne, für das Sammeln von Hoffnung und Wachstum. Rote, für das Sammeln von Liebe, Macht und Leidenschaft. Blaue, hier hinein könnten alle Stücke von Sehnsucht und Weite gepackt werden. Und Goldene, für das Sammeln von Gelungenem.

Das ist doch die Idee: Sammeln Sie ganz konsequent Dinge, die Ihnen gelungen sind. Reden wir sofort über mögliche Einwände: Muss man nicht realistisch sein, und einfach anerkennen, dass es doch auch vieles gibt, was einem nicht gelingt, was man aber nicht einfach wegwerfen kann? Doch, Sie können! Ab damit in die schwarze Tüte – und dann in den Mülleimer!

Sie könnten sich natürlich auch die Frage stellen, ob es überhaupt wichtig ist, dass man in seinem Beruf glücklich ist. Müssen eine Bilanzbuchhalterin, ein Lebensmittelchemiker oder ein Verkehrsrichter bei ihrer Arbeit glücklich sein? Reicht es nicht, wenn die ihre Arbeit nur so gut wie irgend möglich machen? Genau das ist die Frage.

Wahrscheinlich denke Viele, dass es völlig ausreicht, wenn man seine Arbeit nur so gut wie irgend möglich macht – da spielt das gefühlte Glücklichsein doch nur eine untergeordnete Rolle. Könnte man meinen. Wahrscheinlich denken ebenso viele, dass es sogar möglich ist, seine Arbeit gut und ordentlich auszuführen, auch wenn man mal einen schlechten Tag hat.

Was glauben Sie, wie viele Menschen schon einmal einen schlechten Tag hatten? Hier ein Angebot: Mit spätestens dem 18. Lebensjahr hat jeder Mensch in Mitteleuropa schon einmal einen schlechten Tag gehabt. Doch was denken die Menschen, wenn so etwas geschieht? »Hach, das war eine Ausnahme, passiert so schnell nicht noch mal.«

Stellen Sie sich jetzt vor, bei einem unserer Zeitgenossen wiederholt sich das Erlebnis am nächsten Tag wieder. Und jetzt? »Na ja, kann passieren. Aber morgen, da wird wieder alles prima laufen.« Weit gefehlt! Auch der nächste Tag ist ein mittelschweres Desaster. Obwohl unser Mitmensch voller Hoffnung in den 4. Tag einsteigt, wiederholt sich bis zum Abend die Geschichte, wieder ein verlorener Tag. Am Freitag, dem 5. Tag in Serie, wird nichts besser; nichts weiter, als die Kopie der vorausgegangenen Tage – nur um einige Stunden kürzer. Und jetzt kommt der erste Schritt ins Verderben: »Man muss auch mal etwas aushalten können!«

Unser Kollege lernt jetzt, was es heißt, etwas »aushalten« zu können. Und er lernt schnell: Er empfindet sein Leben und Arbeiten als normal und erklärt auf Befragen: »Ja, ich bin an und für sich zufrieden!« Ich sage Ihnen was, das glaubt der tatsächlich von sich!

Warum wird nicht spätestens am fünften Tag dieser Serie ein deutliches »Stopp! Halt!« hörbar? Warum unterbrechen die Menschen ihr Leben nicht, um erst einmal nachzudenken, was genau hier eigentlich passiert? Vielleicht liegt es daran, dass man den Menschen in diesem Alter die Mechanismen nicht erläutert, sondern sie glauben lässt, dass das Funktionieren und das Weitermachen ein wichtiger Wert an sich ist. Die meisten Menschen wissen nicht, dass das Stoppen, das Innehalten um Nachzudenken, überlebenswichtig ist. Die meisten Menschen denken doch erst nach, wenn die Katastrophe unabwendbar oder bereits eingetreten ist! Vielleicht möchten Sie an dieser Stelle gerne rufen: »Mensch, Köhler, übertreib doch nicht immer so!«

Warten Sie ab, ich übertreibe nicht.

Ich begann mit 15 Jahren eine Handwerkslehre zum Zahntechniker. Nach einigen Wochen – noch in der Probezeit – stellte der Chef fest: »Hans-Uwe – du kannst es nicht!« Und das sollte 3,5 Jahre lang so weitergehen: immer wieder der Hinweis: »Du kannst es nicht.« Stellen Sie sich das einmal vor, was das für einen Menschen bedeutet, wenn man ihm ständig sagt, dass er es nicht kann, dass es nicht ausreicht. Keinerlei Anerkennung und die ständige Befürchtung, durch die praktischen Teile von Zwischen- und Gesellenprüfung zu fallen.

Anstatt zu kündigen, war damals die Rede von: »Das machst du jetzt erst einmal zu Ende. Da läuft man nicht weg. Das wird durchgezogen – dann hast du schon mal was.« Um Glück ging es nicht. Aber mir war klar, dass ich einen neuen Beruf brauche – doch woher nehmen und welchen?

Doch ich hatte Glück: Mein Selbstwertgefühl oder meine Naivität waren groß genug, um mit dieser permanenten Demotivation umgehen zu können. Ich war mir absolut im Klaren darüber, dass der nächste Beruf kein Fehlgriff seien darf. Also hieß es suchen und das mit einem Kapital, dass man nur in diesem Alter hat: Zeit. Ich hatte Zeit, niemand verlangte, dass ich sofort eine Antwort auf das Problem hatte, im falschen Beruf zu leben – denn wer wusste schon davon? Also begann eine Reise, um einen neuen Beruf zu suchen. Erst heute erkenne ich, dass ich auf diesem Weg etwas lernen sollte, was sich später als wahrer Schatz erweisen würde.

Für jeden Außenstehenden war das aktuelle Leben von Hans-Uwe L. Köhler völlig unverständlich, ja, geradezu chaotisch. Ich wurde Mitglied der sozialistischen Arbeiterjugend Deutschlands »Die Falken«, trat später den »Jusos« bei, sammelte für »Terre des Hommes« Geld, sehr viel Geld, schrieb Kurzgeschichten (die auch gedruckt wurden), ein Theaterstück (das nie aufgeführt wurde), hatte im Folkloreclub in Hannover ein dreimonatiges Engagement und trat dort an vier Abenden in der Woche auf, besuchte das Abendgymnasium (und brach nach zwei Trimestern ab), tingelte einige Abende mit Gunter Gabriel durch schicke Bars, für wenig Geld aber guten Scotch, half mit, den Flohmarkt am Leineufer in Gang zu bringen, war in der gleichen Ortsgruppe mit dem späteren Oberbürgermeister von Hannover, Herbert Schmalstieg, engagiert, war Versorger des Geigenbauers Karl Montag und kam schließlich der üblichen Wehrpflicht nach. Hier entstand eine besondere, paradoxe Situation: Sollte ich den Kriegsdienst verweigern oder mich als Zeitsoldat verpflichten? Es blieb bei der Wehrpflicht. Ergebnis: Staatlich geprüfter Krankenpflegehelfer. Na immerhin.

Und dann passiert es: Ich lernte als Tramper den Verkaufsleiter von Ytong-Gasbeton kennen, Heinz-Georg Tiesler. Dieser gab mir ein Buch zu lesen: *Management by Objectives* von Georg S. Odiorne.

Das war es: »Führen mit Zielen!« Genau mein Thema: Ich musste lernen, mich selbst zu führen. Zu führen durch das Setzen von Zielen. Was für eine geniale und einfache Idee!

Doch was war denn nun *mein* Ziel?

Ich verstieß gegen alle Regeln, die es im Zielmanagement so gibt.

- Für mein Ziel hatte ich keinen Termin – ich habe einfach losgelegt.

- Meine Ziele waren für außenstehende Betrachter unlogisch bis unvorstellbar.
- Natürlich akzeptierte ich meine eigenen Ziele – alles andere wäre Quatsch gewesen.
- Messbar waren meine Ziele nicht, da ich keine materiellen Ideen hatte.
- Und klar definiert waren sie am allerwenigsten.

Es war etwas, was ich erst viele Jahre später entdeckte. Ich wählte mit Vorliebe Ziele, die hinter dem Horizont lagen. Meine Gelingensfelder hatten alle eine Gemeinsamkeit: Sie lagen im »unvorstellbaren« Bereich. Damit daraus trotzdem ein Gelingen werden konnte, stellte ich mir das jeweilige Gelingensfeld hypothetisch vor. Die Imagination fand als Autosuggestion statt. Dadurch ergab sich allerdings eine weitere Geschichte: Ich wurde derjenige, dem es gelang, Dinge gelingen zu lassen, für die es keine Vorbilder gab.

Die folgende Aufzählung ist vermutlich sehr selbstdarstellerisch. Doch ich schreibe diese Liste für Sie mit einem Augenzwinkern auf – natürlich klopfe ich mir hier selbst auf die Schulter, bis zum Schlüsselbeinbruch – aber diese Beispiele sollen Ihnen zeigen, was alles möglich ist:

Hans-Uwe L. Köhler, ein typischer »Nummer-1-Mann«,

- der das 1. Fachbuch für die gesamte Zahntechnik als Foto-Story schrieb,
- der für ein Dentallabor eine ganze Reihe von Nummer-1-Marketing-Maßnahmen realisierte, die noch kein anderes Dentallabor versucht hatte,
- der 1. Buchautor und Trainer für das zahnärztliche Patientenberatungsgespräch,

- der 1. Managementtrainer, der japanischen Schwertkampf und europäisches Business verband,
- der 1. Buchautor, der die Begriffe Verkaufen und Liebe zusammenführte und damit einen Sachbuchbestseller »Verkaufen ist wie Liebe!«, jetzt in der 16. Auflage, schrieb,
- der 1. Autor, der mit dem Fernsehmoderator Geert Müller Gerbes zwei Sachbücher in Interviewform schrieb,
- der 1. Trainer, der im Flugzeug ein Seminar hielt – zwischen Stuttgart und Berlin,
- der 1. Trainer, der mit 55 weiteren Trainern auf der Zugspitze in weniger als 555 Minuten ein komplettes Buch schrieb – das dann auch noch fünfeckig produziert wurde,
- der 1. Trainer, der mit dem Christopher-Columbus-Concept eine historische Figur für Aufbruchsthemen auf der Bühne lebendig werden ließ,
- der 1. Trainer, der mit einem 12-stündigen Verkaufsmarathon bewies, dass solche Extremseminare funktionieren, weil man großartige Ereignisse inszenieren muss, um großartige Ergebnisse zu bekommen.

Beim Sich-Ausprobieren hatte ich entdeckt, dass mich Worte in ihrer vielfältigen Form besonders faszinierten. Dass ich reden konnte, das hatte man mir schon in der Schule nachgesagt: »Du wirst bestimmt mal Politiker …« Auch das Schreiben löste bei mir größte Freude aus. Die Sache war also gar nicht mehr so schwierig: Ich brauchte einen Beruf, der mir erlauben würde, mit Worten zu arbeiten.

Jedenfalls inserierte ich in einem Stellengesuch »Junger, ideenreicher Zahntechniker sucht …«. Und jetzt passierte etwas Unglaubliches: Ich bekam tatsächlich 72 Angebote, allerdings bezog sich nur ein einziges auf das Wort »ideenreich«. Und das war der Weg. Ich lernte meinen nächsten Chef kennen. Hans Egger war Inhaber eines mittelgroßen Dentallabors mit einem exzellenten Ruf. Er stellte mir folgende Aufgabe: »Ich will mit meinem Betrieb die Nr. 1 in Süddeutschland werden. Trauen Sie sich das zu?« Es war klar, wenn ich jetzt »Nein« sagen würde, wäre die Chance vorbei. Also habe ich »Ja« gesagt. Nach einem zweistündigen Gespräch hatte ich den Job, ein sehr gutes Gehalt – und jede Menge Probleme!

Ich sollte diesen Betrieb und seine Leistungen verkaufen. Mit gesprochenen und geschriebenen Worten. Meine Chance!

Fragen Sie sich, was für ein Potenzial in Ihnen steckt

Haben Sie sich schon einmal gefragt, ob Sie möglicherweise ein High-Potential-Typ sind? Oder wissen nur Sie ganz allein von sich, dass Sie ein Low Performer sind? Interessante Fragen, finden Sie nicht auch?

Verfolgt man den Umgangston der Unternehmen, wenn es um High Potentials oder um Low Performer geht, dann ist der Unterschied eklatant. Tendenziell eiern Unternehmen sprachlich regelrecht um ihre High Potentials herum, um dieses kostbare Mitarbeitergut auf keinen Fall zu vergraulen, in Unruhe zu versetzen oder als Unternehmen gar in irgendeiner Form als unattraktiv zu erscheinen. Ganz anders bei den Low Performern: Hier reduziert sich die Aussage ganz schnell auf: »Raus!«

In der Kienbaum-Studie »High Potentials 2011/2012« wurde u.a. geschrieben: »Um ein Scheitern der High Potentials oder ihren Weggang zu verhindern, setzen die Unternehmen vielfältige Instrumente zur Mitarbeiterbindung ein: Alle Umfrageteilnehmer gaben an, ihre High Potentials mit herausfordernden Aufgaben und viel Eigenverantwortung im Unternehmen halten zu wollen. Fast ebenso viele fördern aus diesem Grund eine attraktive Unternehmenskultur. Auch ein breites

Angebot an Weiterbildungsmöglichkeiten wird den High Potentials in jedem Unternehmen geboten. Darüber hinaus setzen die Unternehmen auf Coaching, Feedbackkultur, Job Enrichment und Job Enlargement.«

Der vorliegende Text hat an Unternehmen nur eine einzige Botschaft: Verschaffen Sie Ihren High Potentials Gelingensfelder ohne Ende! Je attraktiver diese Gelingensfelder sind, desto weniger müssen auf den Nebenfeldern wie Image und vorweggenommene Rücksichtnahme Konzessionen gemacht werden.

Es kümmern sich aktuell genügend Personalabteilungen ganz furchtbar aufgeregt um High Potentials und jedweden Fachkräftemangel, der allein durch die demografische Faktenlage entsteht.

Im Verkauf gibt es einen sehr plakativen Lehrsatz – nicht immer wahr, aber immer richtig: Jeder C-Kunde ist woanders ein A-Kunde!

Übertragen auf die Frage »High Performer oder Low Performer?« kommt man ganz schnell zu einem ähnlichen Eindruck.

Wenn ein High Performer nun so ein A-Kunde wäre, wo ist denn dann seine C-Facette? Hier zitiere ich wieder die oben genannte Kienbaum-Studie: »Es fehlt diesen Supertalenten an mangelnder Fähigkeit zur Selbstkritik. Ihre grenzenlose Selbstüberschätzung macht sie nicht nur zu schwer führbaren Mitarbeitenden, sondern sie stoßen allzu häufig an die Grenze der Unerträglichkeit!«

Was ist nun mit den Low Performern?

Hier berichtet das *manager magazin* 11/2012 von einer außergewöhnlichen Geschichte: *Procter & Gamble* hatten *Wella* übernommen. *Wella* hatte seinen Deutschlandvertrieb in 18 Teams aufgebaut und organisiert. Aber es gab einen Problemfall: Eine 10 Mann starke Truppe galt seit der Übernahme als »Ansammlung notorischer Low Performer«. Das Urteil stand fest: »Diese Leute können nicht verkaufen.« Es war geplant, mindestens 7 dieser 10 Verkäufer zu entlassen. Till Wahnbaeck, ein Manager, der sich dieser Geschichte annehmen sollte, stellte überrascht fest, dass genau diese Gruppe Jahre vor der Übernahme zu den besten Verkäufern von *Wella* gehört hatte! Doch alles, was man bisher unternommen hatte, um diese Gruppe wieder auf die Spur des Erfolges zurückzuführen, war erfolglos geblieben, die Ergebnisse wurden immer katastrophaler.

Es stellte sich dann heraus, dass die *Wella*-Leute mit der Führungskultur bei *P&G* nicht klarkamen. Das war keine Frage von richtig oder falsch. Es ging nur um ein so oder anders. Die *Wella*-Verkäufer begegneten ihren Kunden mit einem Bauchgefühl der Gemeinsamkeit – und das war die Mutter des Erfolges. Doch *P&G* wollte, dass sich diese Verkäufer in das strukturierte, analytische ausgeklügelte Steuerungssystem einfügten. Präziser lässt sich ein anonymes Gelingensfeld nicht beschreiben!

Wahnbaeck entschied sich, die Steuerungsvorgaben von *P&G* außer Kraft zu setzen. Er beschwor das Gemeinschaftsgefühl: »Wir sind das Piratenteam«, als Anerkennung gab es u.a. den »Pirat des Monats« und stundenlange Gespräche mit Kunden und in Teammeetings. Ergebnis: Nur 1 Jahr später wurde Wahnbaecks Team wieder Bundessieger!

Natürlich lässt sich aus diesem Beispiel keine generelle Empfehlung ableiten, etwa mit der Behauptung: Low Performer sind prinzipielle High Performer. Es bleibt allerdings die Feststellung: Es ist nie auszuschließen, dass es so sein könnte. Und es bleibt die große Befürchtung, dass in viel zu vielen Fällen großartige Potenziale durch selbstgerechte Demotivation auf der Strecke bleiben. Vergessen Sie nie: »Low Performer machen sich die negativen Annahmen ihrer Umwelt unbewusst zu eigen, bis sie selbst die vermutete Leistungsschwäche zeigen.«

Also – wenn Sie ein High Performer sind, dann wissen Sie jetzt, auf was Sie bei sich selbst achten sollten, damit Sie halbwegs erträglich bleiben. Sollten Sie hingegen mehr so ein Typ »Pirat« sein, dann wird es aber Zeit, dass Sie endlich loslegen.

Dô – der Weg mit Schwert und Pinsel!

Es ist mein ganz persönliches Interesse, dass man nicht nur weiß, wer man ist und welches Potenzial in einem selbst steckt, sondern dass man eben auch eine Idee davon hat, wie man das eigene Leben nutzen möchte, um sich ganz persönlich zu entwickeln.

Im Oktober 1983 hielt ich das *Buch der fünf Ringe* des japanischen Samurai Miyamoto Musashi zum ersten Mal in der Hand. Wenn ein Buch mit dem Hinweis angeboten wird: »Eine perfekte Anleitung für das strategische Management« und wenn ein Klappentext in der Aussage gipfelt: »Das Buch der fünf Ringe kann Ihr Leben verändern!« – dann bilden sich neben Skepsis auch Neugierde und Interesse.

Das *Buch der fünf Ringe* besteht aus fünf unterschiedlich langen Briefen, die Musashi an seinen Lieblingsschüler Terao Magonojo im Jahr 1645 (!) schrieb. Sie tragen die Titel: »Buch der Erde«, »Buch des Wassers«, »Buch des Feuers«, »Buch des Windes« und das »Buch der Leere«. In seinen Texten beschreibt Musashi einerseits sein gesamtes Verständnis zum Schwert-Weg, und setzt sich anderseits auch mit anderen Schwertkampfschulen auseinander – an denen er allerdings kein gutes Haar lässt.

Mit großer Eindringlichkeit in der Aussageklarheit, mit dem ständigen Hinweis auf die negativen Konsequenzen, wenn man dem Weg nicht voller Ernsthaftigkeit folgt, beschreibt Musashi alle Elemente des Schwert-Weges von der körperlichen und geistigen Schulung, der Wahl von Waffen und Rüstung, der Strategie und Taktik im Gefecht bis hin zum tiefsten philosophischen Verständnis dieser Welt.

Aus der Tradition der japanischen Schwertkämpfer ist Kendo weiterentwickelt worden. Das echte Stahlschwert wurde durch das Bambus-Shinai ersetzt. Die tödliche Wirkung des Schwerthiebes ist aufgelöst und durch einen weniger gefährlichen Vollkontakt gemildert worden. Geblieben ist die psychische Auseinandersetzung. Das heißt, das Gefecht findet im »Bewusstsein« einer tödlichen Auseinandersetzung statt. Nun gibt es hier eine hochinteressante Geschichte: Schwertkampflehrer, wie der Ronin Miyamoto Musashi, hielten ihre Schüler an, so lange den Weg des Schwertes zu gehen (*ken do*) und sich in den Techniken des Kampfes zu vervollkommnen, bis sie auf der Bewusstseinsstufe angelangt waren, um das Schwert gegen den Pinsel zu tauschen – um zukünftig zu malen. Lehrer empfahlen also ihren Schülern, so lange zu üben, bis das Üben überflüssig geworden war, um auf einer höheren Stufe, durch einen transzendentalen Schritt, die nächste Art des Ausdruckes ihres Seins zu erleben.

Miyamoto Musashi zeigt jedem, der den Schwert-Weg gehen will, ganz eindeutige Gelingensfelder: Am Ende des ersten Buches, im »Buch der Erde« gibt Musashi 9 wunderbare Empfehlungen, die den Weg zu wunderbaren Gelingensfeldern weisen. Haben Sie den Mut, sich auf diese Gedanken einzulassen!

Habe nie arglistige Gedanken!

Man stelle sich das vor: da unterweist ein Schwertkampflehrer seine Schüler in der richtigen Handhabung des Schwertes. Diese Unterweisung dient dazu, ein Gefecht, das tödlich ausgehen wird, in jedem Fall gewinnen zu können. Es ist doch naheliegend, jeden nur erdenklichen Trick anzuwenden, um das Gefecht zu überleben. Doch die Empfehlung lautet: »Habe nie arglistige Gedanken!« Arglist verdunkelt die Seele, trübt den Blick und verhindert jede Erkenntnis.

Wenn Ihr Handeln durch Arglist getragen wird, dann werden Sie als Person oder als Unternehmen immer scheitern.

Übe dich unablässig darin, dem Weg zu folgen

Sich für einen Weg zu entscheiden, ist nur der 1. Schritt. Das eigentliche Wachstum geschieht durch die Beständigkeit, dem eingeschlagenen Weg auch zu folgen. Es heißt nicht »lege den Weg schnell zurück«, vielmehr wird man aufgefordert, das Gehen auf dem Weg als Übung zu betrachten.

Mach dich vertraut mit allen Techniken und Künsten

Gibt es eine einfachere Aufforderung zum Lernen? Es gibt keinen Grund, sich mit dem bisher Erlernten oder dem bisher Erreichten zufrieden zu geben. Wenn jemand zu Ihnen sagt: »Du hast dich aber verändert!«, dann wissen Sie, dass Sie nicht mehr der sind, der einmal auf seinem Weg loslief. Zu wünschen ist allerdings, dass diese eingetretene Veränderung Ihnen den Sinn des Lebens eröffnet.

Studiere die Wege vieler Tätigkeiten und Berufe

Es lohnt sich nicht, ein Spezialist zu werden, der von immer weniger immer mehr weiß, bis er alles von nichts weiß. Es gibt ein Gelingensfeld, dass nicht so sehr vom Ergebnis her betrachtet werden darf, sondern allein von dem »Versuch« auf diesem Weg zu gehen.

Lerne an allen Dingen Gewinn und Verlust zu unterscheiden

Hoffe nie zu Beginn eines Schrittes: »Es wird schon gut gehen!« Es gibt Situationen, da weiß man schon von Beginn an, dass es keinen Gewinn geben kann, sondern nur irgendeine Form von Verlust. Stopp! Wenn das so ist, dann dürfen Sie nicht losgehen! Niederlagen, Verluste müssen auch als solche erkannt, anerkannt und benannt werden. Es kann immer geschehen, dass eine Sache misslingt – dann stehen Sie dazu. Ist ja auch kein Problem, wenn man nicht wider besseres Wissen gehandelt hat. Und ganz wichtig: Stehen Sie zu Ihrem Gewinn! Leben Sie ihn in stolzer Bescheidenheit aus.

Entwickle deine Fähigkeiten, die Dinge auf den ersten Blick zu durchschauen

Der 1. Schritt: Fragen Sie. Immer. Ständig. Ohne Scheu. Machen Sie sich mit folgendem Gedanken vertraut: die Dinge sind nicht kompliziert, sondern häufig von geradezu lächerlicher Einfachheit. Wir können es uns nur nicht so einfach vorstellen.

Bemühe dich, auch das Wesen des Unsichtbaren zu erkennen

Wenn Sie einen Blinden fragen, dann wird er Ihnen bestätigen, dass Blinde einen Gegenstand, zum Beispiel einen Stuhl, der im Wege steht, regelrecht »erspüren« können. Uns bleiben viele Dinge verborgen, und dennoch sind sie spürbar – die Spannung in einem Raum beispielsweise oder die wahre Bedeutung einer Sache für uns.

Vernachlässige nie deine Aufmerksamkeit auch gegenüber den kleinsten Dingen

In den kleinen Dingen ist das Große zu sehen. Um das Wesen der Blume zu erkennen, braucht man nicht ein ganzes Gewächshaus oder eine riesige Plantage; es reicht eine Blüte. Um das Wesen des Todes zu erkennen, muss man nicht einen einzigen Baum fällen; es reicht, eine einzige Kirschblüte sterben zu sehen; denn Kirschblüten verwelken nicht, sie fallen!

Halte dich nicht mit nutzlosen Beschäftigungen auf

Stellen Sie sich immer die Frage, ob das, was Sie gerade tun oder bewusst nicht tun, für Ihren Weg nützlich ist oder nicht. Und wenn es nicht nützlich ist, dann sollten Sie überlegen, was Sie unternehmen könnten, damit dennoch ein Nutzen entsteht und damit ein wirkliches Feld des Gelingens.

Musashi schließt seinen Epilog zum »Buch der Erde« (S. 39 in *Musashi für Manager*, Econ Verlag, 1986): mit dem Satz: »Wenn es einen Weg gibt, der zu unbesiegbarem Selbstvertrauen führt, dem einzelnen alle Schwierigkeiten überwinden hilft und ihm Ruhm und Ehre einträgt, so ist es der Weg des Krieges.«

Wenn Sie eine kleine Pause machen wollen, um ein wenig darüber nachzudenken, kein Problem. Ich warte.

Was braucht man zum Leben wirklich?

In diesem Gedanken kann man sich wunderbar verlieren und wahrscheinlich ist die Summe der Philosophen, die beim Ergründen dieser Frage wahnsinnig werden, noch längst nicht abgeschlossen. Ich erlaube mir deshalb einen Gedanken, der sich überhaupt nicht von dem Gedankengut »erfahrener Menschen« leiten lässt – es könnte doch sein, dass Erfahrung keineswegs Räume öffnet, sondern zunehmend verschließt?

Es gibt jedoch einen Menschentyp, der sehr wohl als absolut unbestechlicher Wegweiser in dieser Frage Kompetenz ausstrahlt – und das sind Kinder! Mit einem Kind müssen Sie nicht über die Bedeutung von Grundbedürfnissen reden. Jedes Kind fordert diese ein. Doch was ist dann? Der Bauch ist voll, die Windel sauber, die Kleidung trocken und vielleicht sogar ein liebevoller Mensch in der Nähe. Bleibt ein Kind jetzt sitzen? Keineswegs. Es beginnt zu greifen, zu begreifen. Es bewegt sich auf alles zu. Fängt an zu Krabbeln. Es ist unglaublich neugierig. Alles wird untersucht, geprüft, in den Mund gesteckt, betastet und durch Werfen auf Klang und Beweglichkeit hin untersucht.

Wenn Sie Kinder beim Entdecken der Welt beobachten, dann taucht doch die Frage auf, was bewegt Kinder eigentlich? Woher nehmen sie ihre Energie, sich Tag für Tag dieser Welt zu stellen und sie mit größter Freude begrüßen zu wollen? Das ist natürlich viel Neugierde und Entdeckerlust.

Kinder spielen nicht. Kinder trainieren ihre Muskeln und ihre Gehirnzellen. Wie geht es einem Kind, das tagtäglich an sich beobachtet, dass es abends mehr kann oder versteht, als noch beim Frühstück? Es wird bestimmt nicht depressiv! Nein, es spürt: »Wow! Ein Spitzentag! Mehr davon! Gleich morgen!«.

Meiner völlig unwissenschaftlichen Beobachtung schließe ich auch gleich die Antwort an: Kinder machen das alles, weil sie als Energiequelle der besonderen Art über eine zentrale Fähigkeit verfügen, die sich Begeisterung nennt – und damit bestens geeignet sind, eine Delle ins Universum zu hauen!

Kapitel 4

HIER KOMMT DIE ENERGIE

Nichts Großes ist je
ohne Begeisterung geschaffen worden.

Ralph Waldo Emerson

Das einzig funktionierende *perpetuum mobile* der Welt: Begeisterung!

An dieser Stelle kann ich es mir nicht verkneifen, Sie als Leserin und Leser auf die Tatsache hinzuweisen, dass auch Sie zu Beginn Ihres Lebens wahrscheinlich einmal Kind waren. Damals hatten Sie also genau dieses Freudenfeuer, diese Lust am Leben, die das Glück für Kinder bedeutet. Was ist aus Ihrem Glück geworden, aus Ihrem Hochgefühl?

Die Götter haben sich mit den Menschen einen Scherz erlaubt. Und das kam so: Die Götter wussten oder ahnten schon immer, dass es die Menschen treibt, das Glück zu finden. Also war die Idee der Götter, das Glück dort zu verstecken, wo die Menschen es am wenigsten suchen würden – also versteckten die Götter das Glück im Menschen selbst! Genial, oder?

Und so ist das mit der Begeisterung auch. Diese Energie steckt direkt in Ihnen! Wobei die Frage völlig überflüssig ist, wo die Begeisterung denn nun genau ihren Platz hat. Es spielt doch auch keine Rolle, wo Ihre Seele ist. Im Herzen? In der Zirbeldrüse? Oder als Hara unter Ihrem Bauchnabel versteckt? Wenn Sie »beseelt« sind, spielt der Ort keine Rolle.

Wenn Sie begeistert sind, spielt der Ort ebenfalls keine Rolle. Doch wie Sie diese Quelle anzapfen können, dafür gibt es Ideen und Hilfen.

Es gibt Zeitzeugen – und das sind nicht wenige – die berichten, dass ich schon immer von einer besonderen Art war – es ist mein Talent der Begeisterungsfähigkeit. Es gibt auch einen für mich typischen Spruch, über den natürlich alle kichern, mich eingeschlossen, und der lautet: »Das ist ja interessant!« Kindliche Neugier als Freude an der Entdeckung – das ist pure Glückseligkeit!

Bleibt doch jetzt nur die Frage: Wie kann man Menschen, die das Kindliche verloren haben, denen man das Kindliche durch Erziehung und Erfahrung genommen hat, genau diesen Zugang zu ihrem Glücksgefühl wieder ermöglichen?

Was jetzt folgt, sind erprobte Schritte, um in dieses Hochgefühl zurückzukommen:

Ich bin von dem, was ich mache, überzeugt!

Egal, welchen Beruf Sie ausüben, Ihre Grundüberzeugung muss sein, dass Sie den schönsten Beruf der Welt ausüben!

Für Ihr Leben bedeutet das, dass Sie in sich die Überzeugung tragen, dass das, was Sie da machen, oder machen werden, etwas Wichtiges ist, etwas Schönes, für Sie etwas hochvergnügliches, in jedem Fall absolut sinnvoll, zumindest für den Augenblick, für die Situation und all die Menschen, die Ihr Handeln jetzt in unmittelbarer Weise betrifft.

Wenn Sie jetzt sagen sollten, das ist aber in meiner Firma, in meinem Leben nicht so, dann haben Sie ein ganz anderes Problem.

Sie müssen beseelt, vielleicht sogar in ganz gewisser Weise angesteckt sein von der Idee, dass das, was Sie machen – gestalten, bearbeiten oder sich erdenken – für Sie höchstpersönlich und für das Unternehmen, für das Sie tätig sind, absolut wichtig ist.

Nur dann – und nur dann, kriegen Sie den nächsten Gedanken ins lebendige Leben:

Ich überzeuge andere von dem, was mich überzeugt!

Es ist doch völlig logisch: nur dann, wenn Sie von Ihrem Beruf, Ihrem Tun selbst überzeugt sind, können Sie andere Menschen von der Wichtigkeit oder Bedeutung überzeugen. Und genau das ist der Punkt: Wie wollen Sie andere Menschen für eine Idee gewinnen, wenn dieser Gedanke noch nicht einmal bei Ihnen selbst gefruchtet hat?

Wer sind eigentlich diese anderen? Zunächst Ihr Lebenspartner, Ihre Familie, Ihre Freunde und wahrscheinlich auch Ihr Nachbar. In jedem Fall aber Ihre Kollegen und Ihr Chef!

Achtung: Andere Menschen zu überzeugen braucht Energie – und diese Energie haben Sie tief in sich. Die Energie der Begeisterung ist eine positive, lebensbejahende Energie. Menschen, die begeistert sind, wollen andere Menschen nicht verängstigen, wollen ihnen keine Drohszenarien vorhalten. Das Überzeugen geschieht durch das faszinierende Wort.

Und tatsächlich sind Begeisterung und Glaube Geschwister. Ist Ihnen schon einmal aufgefallen, welche Ausstrahlung Menschen haben, die über einen starken Glauben verfügen? Eine Mutter Teresa hätte ihr Leben doch nicht ausgehalten, wenn Glaube und Begeisterung Fremdworte für diese Frau gewesen wären.

Ich teile meine Begeisterung mit anderen!

Wenn jemand sehr traurig ist, dann kann es sein, dass dieser Mensch sich zurückzieht, abkapselt, mit seinem Kummer allein sein will. Ganz anders bei der Freude!

Freude und Lebensglück wollen gemeinsam erlebt und gefeiert werden. Dadurch wird Freude eben nicht nur mitgeteilt, sondern auch mit anderen geteilt. Was nutzt es, wenn Sie sich ganz allein auf der Welt freuen? Dann könnten Sie auch in den Keller gehen.

Eine ganz ursprüngliche Form der Begeisterung, die mitgeteilt werden muss, besteht darin, auf die Straße zu gehen, einen Autokorso zu starten, sich mit Freunden zu treffen, manchmal wildfremden Menschen um den Hals zu fallen. Erinnern Sie sich noch an den Fall der Mauer 1989? Da erfasste die Welle des Glücks 2 ganz unterschiedliche Völker!

Für das Mitteilen der Begeisterung gilt noch eine ganz besondere Regel. Glauben Sie bitte nicht, dass ein einmaliges erzählen dafür reicht, dass das Hochgefühl langfristig anhält. Es muss vielmehr ständig nacherzählt werden. Sie können das bei berühmten Familiengeschichten beobachten. Natürlich kann es passieren, dass so manche Familiensaga nervt. Doch für den Zusammenhalt der Sippe ist das ständige Nacherzählen wichtig. Einige kluge Unternehmen verstehen sich auch heute als

Sippe und achten sorgfältig darauf, dass bestimmte Geschichten immer und immer wieder erzählt werden.

In Ihnen muss der Wunsch sein, dass Sie Ihre Begeisterung für eine Sache mit anderen gerne teilen wollen. Enthusiasmus ist eine Währung, die sich mühelos verdoppeln lässt.

Ich arbeite voller Hingabe!

Der Höhepunkt der Begeisterung ist Hingabe: und zwar bei allem, was man tut. Ein typisches Beispiel für Handeln mit Hingabe sind Menschen, die ihr Hobby ausüben. Hier versinken Zeit und Raum.

Doch schauen Sie sich bitte zunächst die wortwörtliche Erklärung von »Hobby« bei Wikipedia an:

»Ein Hobby (Plural: *Hobbys*) oder Steckenpferd ist eine Lieblingsbeschäftigung. Ein Hobby ist somit im Gegensatz zur Arbeit eine Tätigkeit, der man sich nicht aus Notwendigkeit, sondern freiwillig und aus Interesse, Faszination oder sogar Leidenschaft unterzieht. Die Tätigkeit bringt Vergnügen, Spaß oder Lustgewinn mit sich. Dabei ist mit Arbeit nicht ausschließlich Erwerbsarbeit (Beruf) gemeint.«

(Quelle: www.wikipedia.org/wiki/Hobby)

Wenn eine Lieblingsbeschäftigung als Gegensatz zur Arbeit verstanden werden darf, dann erlaube ich mir den Hinweis, dass dann etwas mit der Arbeit nicht stimmen kann. Wer die Hingabe nicht in seiner Hauptaktivität erlebt, sucht sich also einen Ausgleich, eine Alternative. Ich meine damit nicht 32 Stunden Gymnastik die Woche, um sein Kreuz von der Büroarbeit zu entlasten und ich meine damit auch nicht das morgendliche Walken.

Der Umkehrschluss ist gewaltig: wer mit Leidenschaft ein Hobby betreibt, findet offensichtlich in seinem Beruf nicht die gewünschte Erfüllung. Müsste man dann nicht einmal über diese Situation nachdenken?

Und wieder will ich Sie an unsere Kindheit erinnern: Wissen Sie noch, wie verwegen Sie als Kind waren? Wie Sie vor lauter Energie, Neugierde und Tatendrang nicht mehr drinnen sitzen wollten, weil Sie Hausaufgaben für eine besondere Form von Freiheitsberaubung hielten? Ja, warum wohl? Weil es direkt vor der Haustür die Welt zu entdecken gab. Mit funkelnden Augen stürzten Sie sich in Ihre Zukunft! Und heute? Was ist aus Ihrem Elan geworden? Ach, Sie sind jetzt Realist!?

In mir ruht die unerschöpfliche Energie!

Ist Ihnen schon einmal aufgefallen, dass es Menschen gibt, die über schier unerschöpfliche Energie verfügen? Nie müde, nie übel gelaunt, nie bis auf den Grund erschöpft – natürlich sind solche Leute auch verschwitzt und vielleicht sogar stehend k.o. – aber eben stehend k.o. mit leuchtenden Augen. Die Quelle dafür ist einfach zu orten.

Es gibt doch bestimmt Tage in Ihrem Leben, da geht Ihnen alles, was Sie anfassen, wie geschmiert von der Hand. Alles gelingt, sieht gut aus und ist in kürzester Zeit fertig. Besprechungen verlaufen konfliktfrei und harmonisch, mit hohem kreativen Output. Ihre Kunden sind ebenfalls bester Stimmung und können vor Freude kaum an sich halten. Ehe Sie sich versehen, ist der Tag vorbei, sie kommen regelrecht aufgekratzt nach Hause, und wenn alles normal verläuft, wird dieser Abend außergewöhnlich schön ...

Gewiss haben Sie auch schon andere Tage erlebt: Die Zeit klebt wie Tischlerleim an Ihren Füßen, nichts geht voran, das Wenige, was zu erledigen wäre, geht auch noch schief, und nach nicht enden wollenden Besprechungen, die allesamt nichts gebracht haben, schleichen Sie nach Hause. Und dort? Vergessen Sie es ...

Meine Art überzeugt!

Es ist wie bei Gericht: Es ist nicht entscheidend, ob Sie recht haben, es ist allein entscheidend, ob Sie Recht bekommen. Wenn Sie niedergeschlagen, mit hängenden Schultern Ihren Standpunkt vertreten, um Ihr Vorhaben werben, dann wird das sehr schnell ein schwieriges Unterfangen – und der Ausgang ist gewiss: Niemand wird Ihnen folgen!

Ganz anders entwickelt sich eine Geschichte, wenn der Enthusiasmus das tragende Element ist. Doch was geschieht, wenn man vor lauter Idealismus über das Ziel hinausschießt? Ein ganz einfaches Bespiel können Sie beim Golfspiel beobachten: Am Ende jeder Bahn geht es darum, den kleinen weißen Ball in ein nicht besonders großes Loch zu putten. Bei diesem Versuch bleiben genügend Bälle zwar auf idealer Line, jedoch nur wenige Zentimeter vor dem Loch liegen. Zu wenig Schwung. Damit der Ball hineinrollen kann, muss er wenigstens eine Chance haben. Also lieber etwas mehr Schwung im Leben, lieber einmal über das Ziel hinausgeschossen, aber immerhin eine Chance auf Zielerreichung. Oder wollen Sie wirklich in Sichtweite Ihres Zieles auf der Strecke bleiben, nur weil Ihnen die Traute fehlte?

So lenke ich die Gedanken anderer!

Stellen Sie sich einmal folgende Szene vor: Sie treten morgens vor die Haustür, breiten die Arme auseinander und rufen lauthals: »Guten Morgen Deutschland!« Fangen Sie jetzt bei dieser Vorstellung an zu schmunzeln oder denken Sie: »Oh, das könnte ich nicht. Was sollen denn die Nachbarn denken?«

Also: Ihre Nachbarn müssen Ihnen Wurscht sein – sonst wird das nichts mit dem selbstbestimmten Leben!

Und sonst? Was soll schon passieren? Wenn man Sie für ein bisschen verrückt hält, haben Sie ein Stückchen Freiheit gewonnen! Vielleicht denken Ihre Nachbarn: Endlich mal jemand, der sagt, was Sache ist!

Aber das war ja erst der Anfang dieses Tages. Stellen Sie sich weiter vor, Sie kommen in Ihr Büro, reißen die Tür zu jedem Besprechungszimmer auf und rufen in das jeweilige Meeting hinein. »Glückwunsch! Heute wird ein besonders schöner Tag!« Vielleicht werden Sie innerhalb von einer halben Stunde gefeuert. Na und? Hat so eine Firma Sie überhaupt verdient?

Wenn Ihnen der Begriff der Spiegelneuronen bekannt ist, dann wissen Sie auch ganz ohne wissenschaftlichen Hintergrund, dass Menschen dazu neigen, Verhalten nachzuahmen.

Das funktioniert natürlich auch beim Thema Begeisterung, wobei viel verbreiteter die Tatsache ist, dass negative Gefühlszustände mit großer Zuverlässigkeit und maximaler Geschwindigkeit verbreitet werden. Auch das ist das Ergebnis von Spiegelneuronen.

Ich wirke immer von Innen!

Das Wort »Ausstrahlung« erzählt die ganze Wirkung der Begeisterung: Sympathie! Was nutzt es Ihnen, wenn Sie die Ausstrahlung eines Botox-Gesichtes haben? Wollen Sie das wirklich? Glatt, doof, langweilig, dafür Covergirl eines Modeheftes sein? Ist Ihnen bei so manchem männlichen Model auch schon mal der Gedanke gekommen, dass Ahnungslosigkeit gepaart mit aktuellem Schönheitsideal noch kein Grund für einen gemeinsamen Abend bei einem Glas Bier sind? Also strahlen Sie aus, wer Sie wirklich sind! Und seien Sie dabei nicht so furchtbar vorsichtig und rücksichtsvoll. Ein Diamant strahlt, weil er eckig und kantig ist!

Ich finde engagierte Mitstreiter!

Stellen Sie sich folgende Szene vor: Im Nordatlantik kämpft ein Fischtrawler in schwerer See. Der Kapitän ruft seine Mannschaft zusammen und erklärt: »Hier, auf dem Wetterbericht klar zu sehen, vor uns liegt ein schwerer Orkan. Ich habe mit der Reederei gefunkt. Meine Ausbildung war teuer. Ich soll mich schon mal ins Rettungsboot setzen.« Wissen Sie, was da passiert? Genau. Der Kahn geht unter.

Also eine neue Geschichte. Wieder der Nordatlantik. Wieder ein Fischtrawler. Und wieder ruft der Kapitän seine Mannschaft zusammen: »Männer, schaut euch das an. Vor uns liegen 2 riesige Orkane. Folgende Idee: Wir reiten jeden Orkan. Also 16 Meter hohe Wellen, dann in das Auge des Orkans – glatte See, kein Hauch – dann wieder 16 Meter hohe Wellen, noch mal durch das Auge des 2. Orkanes, zum Schluss wieder 16 Meter hohe Wellen – und Leute, dann gibt es solche Schwertfische!« Dabei reißt der Kapitän seine Arme weit auseinander. Was wird hier passieren? Auch dieses Schiff geht verloren – aber in einem mitreißenden und mitfühlenden Drama.

Diese unglaubliche Geschichte der *Andrea Gail* wurde im Jahr 2000 von Wolfgang Petersen verfilmt, *The Perfect Storm,* mit George Clooney in der Hauptrolle.

So lange Sie ehrlich an Ihre Überzeugungen glauben und dafür eintreten, werden Ihnen Menschen folgen. Haben Sie allerdings den Glauben in Ihre eigenen Ideen verloren, werden Sie immer untergehen – wahrscheinlich sogar alleine, denn die Menschen werden Sie vorher verlassen.

Durch originelle Fehler kann ich prima lernen!

Haben Sie schon mal einen Fehler gemacht? So einen richtig dummen, überflüssigen? Haben Sie sich dann geärgert? Was war jetzt eigentlich schlimmer – dass Sie etwas verbockt haben oder dass Sie sich ärgerten?

Vielleicht hat man zu Ihnen auch schon gesagt: »Ja, Fehler dürfen passieren – aber immer nur einmal.« Das ist ungeprüfter Unsinn! Für unglaublich viele Fähigkeiten ist das Üben von unschätzbarem Wert. Und Üben setzt die Möglichkeit des Fehlers, oder das fehlerhafte Ergebnis, einfach voraus.

Eigentlich ist es doch ganz einfach. Das Wort »Fehler« sagt doch genau, was passiert ist: Ihnen fehlte etwas. Entweder eine Information – also Wissen – oder eine Fähigkeit – also Können oder Erfahrung. Was anderes kommt überhaupt nicht infrage. Ärger und die häufige Verschleierung oder Leugnung des Fehlers bringt Sie nicht weiter.

Mit einer souveränen Leichtigkeit müssten Sie sagen können: »Guckt mal alle her! Das ist ja interessant! So einen Fehler habe ich noch nie gemacht!«

Doch das ist natürlich illusorisch. Wo gibt es schon eine solche Fehlerkultur? Welcher Chef hätte den Mut, von sich so zu berichten? Wir können uns da ganz schnell einigen: Wenn Sie

Ihre positive Einstellung aufrechterhalten wollen, dann geben Sie Fehler sofort und ohne Umschweife zu. Und wenn Sie glauben, sich ärgern zu müssen, dann schauen Sie sich bitte die letzten 4 Worte an: »sich ärgern zu müssen«. Klar? Sie ärgern sich selbst. Das ist doch idiotisch. Niemand ärgert Sie persönlich! Die anderen lachen vielleicht! Ja, vielleicht lachen die Sie wirklich aus, voller Schadenfreude, na und? Es ist doch schon alles passiert. Bleiben Sie locker.

Aufgaben sind für mich sportliche Herausforderungen!

Ich liebe Sportler, weil sie alle ein wenig meschugge sind. Stellen Sie sich doch folgende Situation vor: In einem Stadion treffen sich Stabhochspringer. Der Anlass ist die anstehende Weltmeisterschaft. Alle Stabhochspringer sind sich darin einig, dass nur derjenige mit einer Goldmedaille aus dem Stadion gehen wird, der von allen am höchsten springen wird, bei gleichzeitig geringster Anzahl der Versuche. Eben. Der Versuche. Da kommt doch keiner hin und verkündet: »Leute, ich zeige Euch jetzt mal den Weltrekord, den habe ich zu Hause schon 30 Mal gesprungen!« Nein! Die treffen sich, um etwas zu versuchen, was bis dahin noch keinem gelungen ist. Weltrekordhöhe! Dann schauen Sie sich mal die Gesichter an. Verzweifelt? Niedergeschlagen? Depressiv? Ach, was! Hochkonzentriert. Voller Optimismus. Im absoluten Jetzt verankert. Denn nur darauf kommt es an. Jetzt.

Hier erklärt sind auch das Thema Motivation von Sportlern – und allen anderen Menschen, die besondere Zustände brauchen, um besondere Ergebnisse zu realisieren. Es geht um die absolute Vergegenwärtigung vom Jetzt. Es gibt keine Vergangenheit. Es gibt keine Zukunft. Gedanken helfen hier nicht.

Ihre Gedanken können Ihnen erzählen, was Sie in der Vergangenheit alles schon richtig gemacht haben. Doch das nutzt Ihnen im Jetzt nichts. Allerdings können Ihnen Ihre Gedanken auch erklären, warum es in der Vergangenheit schiefging. Na ja, dann haben Sie auch die Begründung, warum es im Jetzt auch nicht funktionieren wird. Prima.

Sie können natürlich versuchen, sich in die Zukunft zu retten. Mit der Hoffnung, dass es da dann schon besser klappen wird. Was soll das denn? Diese Hoffnung nutzt Ihnen doch im Jetzt nichts.

Also: konzentrieren Sie sich voll und ganz auf Ihre jetzige Aufgabe, dann wird sie Ihnen gelingen!

Nichts bringt mich vom Weg ab!

Haben Sie schon mal »öffentlich« von Ihren Karrierezielen oder Ihrem Lebensplan erzählt? Hat man Ihnen dann anschließend bewundernd auf die Schulter geklopft, so nach dem Motto: »Du bist ein richtiger Kerl, der weiß, was er will!« oder »Solche Frauen braucht Deutschland! Leg los! Ich unterstütze dich!«?

Wenn es so passiert ist: Glückwunsch! Sie haben eine wunderbare Familie und vertrauenswürdige Freunde!

Ach, ist Ihnen noch nicht so passiert? Was war denn da los? Hat man zu Ihnen etwa gesagt: »Entspann dich. Hat bis jetzt nicht geklappt. Was hat sich geändert?«

Jetzt die ernüchternde Wahrheit: Niemand ist daran wirklich interessiert, dass Sie Karriere machen oder Erfolg haben, besondere Erkenntnisse erwerben oder aus der allgemeine Masse herausstechen. Wenn Sie es alleine schaffen, dann ist das in Ordnung, aber erwarten Sie keine Unterstützung.

Allerdings sind per Definition längst nicht alle Menschen erfolgreich. Also haben die weniger Erfolgreichen auch kein Interesse an wirklichen erfolgreichen Menschen. Die würden doch nur beweisen, dass es besser geht. Und wer will das schon wissen?

Wenn jemand zu Ihnen sagt: »Mensch, denk doch mal nach. Mehr als ein Schnitzel täglich kann man doch nicht essen. Außerdem musst du am Ende nur unglaublich viel Steuern bezahlen!« Das sind nicht Ihre Freunde. Die ziehen Sie nur runter. Solche Freunde braucht niemand. Suchen Sie die Nähe von Menschen, denen Sie nicht ständig etwas beweisen müssen, weil die selbst wissen, wie die Dinge gelingen.

Was wir suchen, weckt die Zuversicht!

Sollte je ein Chef zu Ihnen sagen: »Ihr Arbeitsplatz ist sicher!«, so kündigen Sie sofort. Sollten Sie als Chef je zu Ihren Mitarbeitenden so etwas sagen, nehme ich Sie ganz persönlich nicht mehr ernst.

Wenn Sie allerdings hören oder selbst sagen: »Ob es diese Company noch in einem Jahr gibt, ich weiß es nicht. Vielleicht werden wir genau in diesem Augenblick von jemandem gekauft. Ob unsere Produkte noch in einem Jahr einen Markt finden – vielleicht. Aber genauso gut könnte es sein, dass in diesem Augenblick ein Erfinder eine Idee hat, die unser Produkt komplett überflüssig, nicht mehr wettbewerbsfähig macht und wir aus dem Markt fliegen. Ob es meinen oder Ihren Arbeitsplatz noch in einem Jahr gibt – keine Ahnung, alles ist möglich. Aber ich kann Ihnen Folgendes zusagen: Ich werde um diesen Laden kämpfen wie noch nie in meinem Leben. Und wenn Sie da mitmachen wollen, dann sind Sie herzlich willkommen. Ich brauche jede Hand und jeden Kopf. Und wenn sich dann in einem Jahr herausstellt, dass es uns noch gibt, dass Ihre Kompetenz auch weiterhin gebraucht wird, dann sind Sie mir sehr willkommen!«

Bei so einem Unternehmen, mit so einem Chef sollten Sie arbeiten! Ich würde dort anheuern.

Und wenn Sie selber »Chef« sind, dann sollten Sie wissen, warum man Sie zum Chef gemacht hat: Weil man glaubt, dass Sie »den Weg in die Zukunft« *finden* können. Niemand erwartet von Ihnen, dass Sie den Weg in die Zukunft *kennen*. Dieses zugestandene Vertrauen nennt man übrigens »soziale Kompetenz«!

Selbstliebe ist die perfekte Eigenmotivation

Sie wollen wissen, wie man sich selbst motiviert? Ganz einfach: Lesen Sie ein paar Bücher, da steht es meistens ganz genau drin. Allein bei *Amazon* finden Sie unter dem Stichwort Motivation mindestens 3.354 Titel. Sie könnten aber auch das Neue Testament lesen, weil bereits dort die zentralen Motivationsempfehlungen zu finden sind. Doch zuvor werde ich Ihnen erzählen, wie ich mich persönlich motiviere.

Ich beginne jeden Tag zunächst mit zwei kleinen Übungen – Dauer jeweils etwa 45 Sekunden. Zunächst liege ich im Bett und gehe vor meinem geistigen Auge durch meinen Körper und bedanke mich bei den verschiedenen Körperteilen für ihre Funktion, je nach aktuellem Anlass. Vielleicht bedanke ich mich bei meiner Leber, weil der Merlot vom Abend davor ausgesprochen gut geschmeckt hat. Im 2. Teil, ebenfalls etwa 45 Sekunden lang, bin ich voller Vorfreude auf die Ereignisse, die ich erleben, und vor allem auf die Menschen, die ich treffen werde. Wenn ich weiß, dass ich an diesem Tag 4 Stunden im Auto sitzen werde, dann freue ich mich auf diese Fahrt. Und wenn ich weiß, dass ich in einem vollen Vortragssaal sprechen werde, dann stelle ich mir diese Menschen jetzt schon vor und freue mich auf sie!

Jetzt kommt der eigentliche Kick: Raus aus dem Bett und ab ins Bad. Und hier mache ich etwas, was Sie vermutlich völlig irritieren wird: Ich stehe vor dem Spiegel und betrachte mich ausgesprochen wohlwollend, ja, mich selbst bewundernd. Vertrauen Sie mir, ich bin kein kranker Narzisst. Es geht um etwas ganz simples: sich selbst annehmen.

Ich sage jeden Tag »Ja!« zu mir, obwohl ich eine gebrochene Nase, einen kleinen Bauch, einen ganz platten Hinterkopf und O-Beine habe – also, ein schöner Mann sieht anders aus. Und trotzdem sage ich »Ja« zu Hans-Uwe L. Köhler, »Ja« zu seinen schönen und auch »Ja« zu seinen dunklen Seiten.

Es geht um einen Satz aus dem Neuen Testament. Dort steht: »Liebe Deinen Nächsten wie Dich selbst!« – 8 Mal! Viele betonen in diesem Satz nur den ersten Teil und unterstreichen damit zweifelsfrei die Bedeutung der Nächstenliebe. Es stimmt natürlich, dass das Gebot der Nächstenliebe für alle Menschen einen unschätzbaren Wert darstellt. Doch er ist ohne den zweiten Teil nichts.

Nur wer zu sich selbst uneingeschränkt »Ja« sagt, wer sich selbst aufrichtig liebt, kann einen anderen Menschen lieben, kann zu dem anderen »Ja« sagen und die Liebe eines anderen empfangen!

Selbstliebe ist die Grundlage aller Selbstmotivationen. Wenn sie fehlt, ist ein Leben zwar möglich, aber sinnlos. Ist sie hingegen vorhanden, kann das Geschenk, das in jedem Menschen versteckt ist, entdeckt und entwickelt werden. So einfach ist das. Und so schwierig zugleich.

Kapitel 5

ES IST FREUDE

Sie sagen immer, dass die Zeit alles verändert,
doch eigentlich müssen wir sie selbst verändern.

Andy Warhol

Musst du dein Leben ändern? Nein. Du musst dein Ändern leben!

Die Art, wie Sie denken, hat Sie an den Punkt gebracht, an dem Sie jetzt stehen! Für den Fall, dass Sie sagen: »Super! Genau da wollte ich hin!«, kann man Ihnen nur gratulieren. Um im Kontext dieses Buches zu bleiben: Offensichtlich ist Ihnen Ihr bisheriger Weg absolut gelungen!

Für den Fall allerdings, dass Sie sich eingestehen: »Na ja, so ganz genau trifft das auf mich nicht zu ... « und Sie gleichzeitig den Wunsch nach einer Korrektur verspüren, dann lassen Sie uns einen Augenblick darüber nachdenken.

Die wenigsten Menschen haben das Gefühl, sie müssten ihr Leben radikal mit einer Kehrtwende von mindestens 180° ändern! Allerdings gibt es durchaus Fälle, bei denen man schon von Turbo-Veränderungen reden kann – 360°-Turns sind nichts dagegen – da wird teilweise ein ganzes Leben durcheinandergewirbelt!

Bleiben wir doch ein wenig im normalen Bereich, da, wo Menschen den Wunsch verspüren, Richtungen zu korrigieren, und sei es nur um wenige Grade. Nachdem die Wunschrichtung erkannt wurde, taucht unumgänglich die Frage auf: »Wie mache ich das denn jetzt? Wie schlage ich den neuen Weg ein?«

Häufig hört man dann in Vorträgen oder liest in Büchern: »Sie müssen raus aus der Komfortzone!«

Ist das alles?

Wenn der Satz »Die Art wie Sie denken hat Sie an den Punkt gebracht, an dem Sie jetzt sind« richtig ist, dann bedeutet das, dass Sie Ihre Art zu denken ändern müssen, wenn Sie an einen anderen Punkt wollen! Ob das jetzt angenehm klingt oder nicht: Vor der Handlung kommt das Denken.

Das Scheitern bei der Korrektur eines bisherigen Weges liegt immer im ungenügend vorbereiteten Denken.

Ein einfaches Beispiel ist einer der häufigsten Wünsche zum Jahreswechsel: »Ich will nicht mehr rauchen!« Vielleicht gehören ja auch Sie zu den Menschen, die mit diesem guten Vorsatz schon einmal gestartet sind und dann ein grandioses Misslingen erleben mussten?

Damit es für Sie leichter wird, hier meine persönliche Leidensgeschichte. Ich rauchte zu einem bestimmten Zeitpunkt meines Lebens 60 Marlboro pro Tag – die echten. Das ist eine Menge, da müssen Sie sich ranhalten, wenn Sie vor dem Schlafengehen fertig sein wollen. Natürlich sagte mir mein Verstand: Das kann nicht gesund sein! Irgendwann geht das schief. Und tatsächlich gelangte ich zu der Überzeugung: »Ich will nicht mehr rauchen!« Dem Entschluss folgte die Tat: Es gab keine Zigaretten mehr. Alle Aschenbecher wurden in die Garage geräumt. Doch damit begann eine Tortur besonderer Art. Ich bekam das Thema Rauchen nicht mehr aus dem Kopf. Es war ein Kampf von Stunde zu Stunde! Nach drei Wochen gab ich auf! Ich konnte einfach nicht mehr. Völlig erleichtert und entspannt rauchte ich wieder die gewohnte Menge!

Natürlich ließ meine Frau nicht locker! Sie ermahnte mich: »Ich versteh dich nicht! Du bist so klug. Du bist kreativ, entschlusskräftig, trägst Verantwortung – und bist dann offensichtlich doch so schwach und abhängig!« Irgendwann ging mir dieses ständige Ermahnen auf den Wecker. Also hörte ich erneut auf – genau vom Frühstück bis in mein damaliges Büro in München. Um 9 Uhr rief ich meine Frau an und sagte ihr: »Ich rauche wieder – und nerv mich bitte nicht mehr!«

Tatsächlich blieb dieses Thema über viele Jahre ausgespart.

Eines Tages erklärte mir ein befreundeter Trainer, dass das menschliche Gehirn das Wort »nicht!« als ungehört betrachtet, und somit wie das Wort »kein« ohne Wirkung bliebe. Das war also der Punkt. Ich hatte mir gesagt: »Du willst *nicht* mehr rauchen!«. In meinem Gehirn kam aber der Text an: »Du willst mehr rauchen!« Und was passierte? Nichts! Es gab keine Zigaretten, kein Genuckel, kein Gesauge und Gepuste und natürlich auch kein Nikotin! Da musste doch der ganze Körper rebellieren!

Was tun?

Umprogrammieren! Anders denken! Der neue Auftrag an mein Gehirn hieß: »Ich will gesund leben!« Also unternahm ich eine ganze Menge, um endlich gesund zu leben. Das war ein riesengroßes Programm, das mich so, auch mit Lust und Freude, beschäftigte, dass ich alles andere vergaß – und tatsächlich habe ich seit nun mehr als über 25 Jahren weder eine Zigarette geraucht noch Lust danach verspürt. Es war gelungen!

Noch einmal: zunächst der ganz persönliche, selbstausgesuchte Zielgedanke: »Ich will gesund leben!« Dann folgte der Schritt raus aus der Komfortzone: Der bequeme und immer zur Verfügung stehende Griff zur Zigarette wurde ersetzt durch eine Vielzahl von Handlungen, die allesamt Aktivitäten erforderten, zum Beispiel Schwimmen, Walken oder mit Begeisterung Salatschüsseln mit vielen Nüssen verschlingen. Bonbons waren tabu – weil sie nichts anderes gewesen wären, als Tröster eines verlassenen Komfortbereiches!

Die folgende Metapher ist Ihnen wahrscheinlich bekannt, doch sie soll hier helfen, ein ganz zentrales Problem unseres Denkens zu beschreiben. Bitte führen Sie die folgende Übung aus, jetzt, hier, einfach im Sitzen: »Denken Sie bitte nicht an ein Kamel!« Wenn Sie jetzt schon ein Kamel sehen, handelt es sich um eine Sinnestäuschung. Also noch einmal: »Denken Sie bitte nicht an ein Kamel, schon gar nicht an ein einhöckeriges. Auf dem Kamel sitzt auch kein kleiner Affe, der keine roten Socken anhat und schon gar nicht winkt der Ihnen zu!«

Und nun? Was ist mit dem Kamel und dem Affen mit den roten Socken? Genau: klares Bild im Kopf, obwohl Sie etwas völlig anderes tun sollten! Das liegt daran, dass Ihr Gehirn … siehe 37 Zeilen vorher, auf Seite 217.

Halten Sie ganz einfach fest: Das menschliche Gehirn ist hervorragend dazu geeignet, sich alles auszumalen – wirklich ALLES! Und wenn Sie Ihr eigenes Gehirn machen lassen, was es will, dann werden Sie eine grausame Überraschung erleben. So lange, bis Sie eingreifen und Ihrem Gehirn sagen, was es zu denken hat.

Einfach ausgedrückt, wenn Sie es Ihrem Gehirn erlauben, sich eine grauenvolle Zukunft auszumalen – mit einer unendlichen Zahl von Niederlagen und dem meisterhaften Gelingen dieser Katastrophen – dann füllen Sie wirklich jeden Platz in Ihrem Kopf mit negativem Müll auf, der Sie zur Handlungsunfähigkeit zwingt.

Sie können natürlich auch das Gegenteil machen: Indem Sie sich für Ihre Zukunft und die darin wartenden Projekte unter den Bedingungen des Gelingens alles Mögliche vorstellen und ausmalen. Sie können tatsächlich Ihr Gehirn darin trainieren, sich eine gelungene, ja sogar glückliche Zukunft vorstellen.

Auch die Bibel wimmelt von NLP-Grundsätzen, ein Beispiel: »Der Glaube versetzt Berge!« Es gibt nur eine kleine

Schwierigkeit: Der Satz ist eine Metapher. Er muss also übersetzt werden, besser um-gesetzt werden. Es könnte ziemlich schwierig werden, wenn Sie sich vor die Zugspitze setzen und versuchen würden, diese »wegzudenken«! Es ist ebenfalls ziemlich anstrengend, sich 1 Million Euro zu erdenken – das Universum verschenkt kein Geld.

So, jetzt können Sie Ihr eigenes Gelingens-Programm schreiben! Suchen Sie zunächst nach Veränderungsvorhaben, die Sie gerne durchführen wollen. Schreiben Sie den oder die Sätze auf, mit denen Sie glauben, dieses angedachte Projekt starten zu können. Formulieren Sie Ihre Schritte zum Ziel oder zu den Etappenzielen kurz, prägnant und übersichtlich.

Der These folgend, dass man sein Denken ändern muss, um andere Ziele zu erreichen, ändern Sie jetzt bitte den Gelingens-Satz. Falsch wäre: »Ich will in *keinem* Fall dies oder das« sondern richtig: »Ich will in *jedem* Fall dies oder das!« Wenn der Gelingens-Satz lautet: »Ich will!« dann ist doch auch der Handlungssatz nachvollziehbar: »Ich werde!«

Glück ist immer

John Lennon hat eine Geschichte erzählt, die an keine andere Stelle dieses Buches so gut passt wie hier:

»Als ich fünf war, hat meine Mutter immer gesagt, dass es das Wichtigste im Leben sei, glücklich zu sein.

Als ich in die Schule kam, baten sie mich aufzuschreiben, was ich später einmal werden möchte. Ich schrieb auf: glücklich!

Sie sagten mir, ich hätte die Frage nicht richtig verstanden, und ich antwortete ihnen, dass sie das Leben nicht richtig verstanden hätten.«

Wird der Dalai Lama nach dem 1. Schritt zum Glück gefragt, ist seine Antwort: »Lernen!« Für ihn ist die systematische Schulung des Geistes die Grundvoraussetzung, um sein Dasein in der Gegenwart als glücklich zu empfinden. In seinem Buch *Die Regeln des Glücks* (Bastei Lübbe, 2004) führt er weiter aus: »Ich bin davon überzeugt, dass der eigentliche Sinn unseres Lebens im Streben nach Glück besteht. Das ist ganz klar!«

Und wenn in der amerikanischen Verfassung » ... ein Recht auf Streben nach Glück ... « den Menschen eingeräumt wird, dann wird deutlich: Glück empfängt man nicht passiv. Nichts und niemanden werden Sie glücklich machen. Von alters her gehört es zu den gültigen Einsichten, dass Aktivität und eine ausfüllende Handlung die Voraussetzung für Glück sind. Das Wort Glück stammt vom mittelniederdeutschen »gelucke« ab und bedeutet » ... wie etwas ausgeht oder endet«. Also muss vor dem glücklichen Ende etwas geschehen. Und dieses Geschehen können Sie beeinflussen. Vielleicht daher auch der Hinweis: »Jeder ist seines Glückes Schmied!«

Als »Zuschauer« kann man sein Leben nicht meistern! Man muss aktiv daran teilnehmen, sonst kann es nicht gelingen.

Wahrscheinlich ist Glück kein stabiler Dauerzustand, allzu oft nur ein flüchtiger Augenblick. So wenig wie es nur Tag sein kann – die Nacht gehört dazu, aber sie ist nicht das negative Gegenteil. Ebenso ist das Unglück nicht die Alternative zu Glück. In meiner Welt ist das Glück wie das Wetter. Glück ist immer, nur die Ausprägungen sind unterschiedlich.

Stellen Sie sich doch einmal Glück unter Beschreibung von Wetterphänomen vor: der frühe Sonnenaufgang mit rosa Wölkchen am Himmel, kühlem Tau im Gras – beginnendes Glück! Ein Gewittersturm mit Blitz, Donner, Sturmböen und Hagel – dieses Glück reißt mit, verändert, wirbelt alles über den Haufen. Ein stummer, nebliger Tag, ohne richtig hell zu werden – das kleine Glück ist da, nur nicht zu sehen. Glühende heiße Sonne im Zenit – das Glück der Verheißung! Zum Abend hin sanfte Luft, eine dunkelrote Sonne, die den Wolken wuchtige Formen schenkt, und das ganze Bild versinkt im Meer – wieder ein gelungener Tag!

Von der Lust am Scheitern

Die liebenswerteste Figur im Zirkus ist der Dumme August! Charlie Rivel und Grock haben ihr Publikum verzaubert, weil sie die Kunst des Scheiterns in grandioser Art minimalisierten. Gerade weil es die ganze Zeit um das Gelingen geht, muss an einer Stelle auch über das Gegenteil gesprochen und geschrieben werden – bevor wir alle größenwahnsinnig werden!

Nie ist etwas wirklich gescheitert, wenn es denn einen Versuch wert war! Was wollen Sie denn am Ende Ihres Lebens Ihren Enkelkindern erzählen? Was Sie alles *nicht* versucht haben, weil Ihnen das Risiko des Scheiterns zu groß war? Erzählen Sie doch lieber von Ihren Träumen und dem großartigen Misslingen! Ihre Enkel werden diese Geschichten lieben!

Wenn Sie wieder einmal einen grandiosen Misserfolg erleben, dann denken Sie an folgende Szene: Erinnern Sie sich noch an den Film *Alexis Sorbas* mit der Stelle, als die Seilbahn zum Abtransport von Baumstämmen eingeweiht werden soll? Das ganze Dorf ist gekommen, um dem Ereignis beizuwohnen. Und was passiert? Die komplette Konstruktion bricht krachend zusammen. Alles umsonst, die Arbeit vergebens und das Geld weg. Und was sagt Alexis: »Chef, hat du schon einmal etwas so wunderschön zusammenbrechen sehen?« Es wäre doch großartig, wenn wir unser Scheitern nicht so kleinherzig vertuschen oder bagatellisieren würden, sondern das ›gelungene‹ Scheitern als unvermeidbaren Weg zum Gelingen verstehen.

Und deshalb hier eine geträumte Nachricht aus der Zukunft mit folgender Szene: Bilanzkonferenz eines Dax-Unternehmens. Großes Presseaufgebot, das volle Programm. Kurz nach der Eröffnung sagt der Vorstandsvorsitzende: »Meine Damen und Herren, kommen Sie doch einmal hier nach ganz vorne! Ich muss Ihnen etwas zeigen! Schauen Sie sich einmal diese Seite an – hier – meine Unterschrift. Das ist das Dokument, das den Kauf des heutigen Tochterunternehmens in den USA dokumentiert – und mit dem wir seit Beginn der Übernahme einen Gesamtverlust von 3,8 Milliarden Euro realisiert haben! Unglaublich! Das hier ist meine Originalunterschrift. Das müssen Sie sich mal ansehen. So eine feine Schriftführung – war ein Caran d'Ache-Füller – schickes Gerät. Diese Unterschrift hat gereicht, ein Kapital zu vernichten, das ausreichen würde, so manchen kleinen Staat zu sanieren. Damit nehme ich Platz drei unter den deutschen Kapitalvernichtern ein ... und erlaube mir, deshalb meinen Rücktritt ohne Abfindung zu verkünden – ich habe in den letzten 4 Jahren ausreichend verdient. Im Übrigen – wünsche ich noch einen angenehmen Tag!«

In seinem Buch *Nächstes Jahr in Jerusalem* beschreibt André Kaminski das Leben seines Großvaters. Er beginnt mit dem Satz: »Mein Großvater erfand die Farbfotografie – und das ständig.« Und dabei stellt sich dann heraus, dass dieser Mann sein ganzes Leben lang nichts geschaffen, erfunden oder erreicht hat. Nur der Gedanke blieb, dass er es eines Tages schaffen würde ... Dabei hatte Kodak das Ziel schon längst erreicht.

Wenn man ein ganzes Buch über das Ge-Lingen schreibt, dann muss auch Platz sein, um über das Miss-Lingen nachzudenken. Dinge können auf sehr unterschiedlichem Niveau misslingen. Da ist zunächst einmal eine Fülle von Gründen, die auf fehlendes Wissen und mangelhafte Durchführung zurückzuführen sind. Überall, wo Erfahrung fehlt, führt Misslingen zu einem Informationsgewinn und damit zur Verbesserung der Gesamtsituation.

Beispiel Flugzeugunfälle. Dass Fliegen heute so sicher geworden ist, liegt an der Tatsache, dass jeder Unfall weltweit untersucht wird, bis der wahre Grund für das Ereignis geklärt ist. Und dann wird dieses Ergebnis weltweit veröffentlicht. Nur so ist es möglich, dass nichts verschwiegen wird und eine ganze Branche aus ihren Fehlern lernen kann. Das Verhalten in der zivilen Fliegerei macht klar, dass aus einem Desaster durch absolute Transparenz ein Gelingensfeld werden kann.

Wirklich nicht überraschend ist die Feststellung: Da, wo es menschelt, misslingt es besonders gern und häufig.

Natürlich könnte man versucht sein, alles Misslingen mit einem Gesetz des amerikanischen Ingenieurs Edward A. Murphy jr. zu erklären: Wenn es mehrere Möglichkeiten gibt, eine Aufgabe zu erledigen, und eine davon in einer Katastrophe endet oder sonst wie unerwünschte Konsequenzen nach sich zieht, dann wird es jemand genau so machen.

Wie groß diese Angst des Misslingens inzwischen ist, kann man wunderbar an den wichtigsten Baustellen in unserem Land sehen.

Wenn die Medien der Spiegel der deutschen Öffentlichkeit sind, dann haben wir es mit einer angstbesessenen Absicherungsgesellschaft zu tun. Wo wird denn von der Freude über die Hamburger Oper berichtet? Sie wird nicht fertig und ist zu teuer! Berlin Schönefeld genauso: wird nicht fertig und zu teuer. Der Stuttgarter Hauptbahnhof sollte besser gar nicht gebaut werden – erst wird der Juchtenkäfer gerettet!

Schnell noch einmal 40 Jahre zurück: Da hat man in München ein Stadion mit einem Dach gebaut, das um mehrere

100 Prozent teurer wurde, als man dafür berechnet hatte, von dem man nicht wusste, ob es überhaupt funktionieren würde und ob es je fertig werden würde. Na und? Es wurde fertig, es ist bis heute einfach nur schön, bezahlt haben wir es auch und dieses Dach steht weltweit als Symbol für eine sympathische Stadt in einem der lebenswertesten Länder dieser Welt! Das Großartige am Scheitern ist ein besonderes Geschenk, das im Scheitern selbst liegt: Scheitern ist immer die Chance für einen Neubeginn!

Meide den Boden dogmatischer Überzeugungen

Wahrscheinlich müssen Sie schmunzeln, wenn Sie sich vorstellen, dass die Menschen bis vor wenigen 100 Jahren tatsächlich glaubten, die Welt sei eine Scheibe.

Wenn jemand zu Ihnen sagt: »Das ist so!« dann muss die Frage erlaubt sein: »Woher wissen Sie das?« Häufig genug ist die Antwort: »Ich glaube das einfach ... !«

Die Welt steckt voller Glaubenssätze. Viele von denen können hilfreich sein, mindestens ebenso viele sind gefährlich oder günstigstenfalls wirkungslos. Natürlich ist es praktisch, vielleicht sogar erforderlich, nicht täglich damit beginnen zu müssen, die Welt neu zu beschreiben; da helfen dann schon ein paar Grundüberzeugungen über den ersten Teil des Tages.

Über ein Wort müssen wir jetzt reden, damit das Leben gelingt: das Wort »unmöglich«. Viele Ideen, Projekte, Visionen und Vorhaben werden mit »das ist unmöglich« schon im ersten Ansatz gekillt. Weil dieses hässliche Wort schon so viel Zukunft zerstört hat, so viele Existenzen von vornherein nicht zugelassen hat, muss es ernsthaft gewürdigt werden.

»Unmöglich« ist ein Wort, mit dem Menschen um sich werfen, für die es einfacher ist, die Welt so zu akzeptieren, wie sie ist, anstatt das Risiko einzugehen, sie zu verändern.

Haben Sie Lust auf einen kleinen Spaß?

Hier einige Zitate zum Thema »unmöglich«:

> *»Ich denke, es gibt weltweit einen Markt für vielleicht fünf Computer.«*
>
> Thomas Watson, Vorsitzender IBM, 1943

> *»640 kB sollten genug für jeden sein.«*
>
> Bill Gates, 1981

> *»Wir mögen den Sound nicht und außerdem ist Gitarrenmusik sowieso am aussterben.«*
>
> Decca Recording Co. begründet damit die Zurückweisung der Beatles, 1962

Aber auch der folgende Text von Richard Tomkins, 2003 in den USA zum Wirtschaftsjournalisten des Jahres ausgezeichnet und seit 2006 Chef Feuilletonist der *Financial Times,* ist richtig gut: »Die Internet-Revolution findet nur im Geschäftsleben und in der Arbeitswelt statt, nicht aber im Alltag des Durchschnittsmenschen. Deshalb gibt es auch kaum Bedarf für das Internet als Informationsmedium. Familienleben, Wohnen, Einkaufen, Reisen und viele andere Freizeitaktivitäten werden sich durch das Internet nicht verändern. Das Netz ist im Alltag außerhalb des Büros einigermaßen unwichtig, das zeigt auch die private Internet-Nutzung: Am häufigsten werden Pornos angesehen, Aktien gehandelt und Familienstammbäume verfolgt.«

Vielleicht erklärt das einiges ...

Natürlich ist es immer leicht, sich aus heutiger Sicht über Zukunftsaussagen lustig zu machen, die in der Vergangenheit getätigt wurden, denn: Wer vom Bürgermeister kommt, ist immer schlauer!

Umso wichtiger ist es, sehr aufmerksam zu werden, wenn wieder einmal das Wort »unmöglich« in all seinen Schattierungen das Recht der Wahrheit für sich proklamiert!

Was also tun?

»Unmöglich« ist keine Tatsache, sondern eine Meinung. Wir halten heute die massenhafte Besiedlung des Mars zum Beispiel für schier unmöglich. Ahnte Christopher Columbus, als er lossegelte, dass man die Strecke, der er zurücklegte, eines Tages im Düsenjet in 6 bis 8 Stunden schaffen würde, um dann einen Urlaub in der Karibik zu feiern, und das Ganze auch noch zum Schnäppchenpreis?

»Unmöglich« ist vergänglich. Jeder technische Fortschritt erzählt immer die gleiche Geschichte: Zu einem bestimmten Zeitpunkt war es tatsächlich unmöglich – schneller als der Schall zu fliegen, höher als in die Stratosphäre aufzusteigen und was weiß ich – und dann kommt ein Felix Baumgartner, steigt mit seinem Ballon auf 40.000 Meter Höhe, springt raus, durchbricht als erster Mensch mit seinem Körper die Schallmauer und jede Menge unmögliche Vorstellungen sind von gestern.

»Unmöglich« ist in Wahrheit ein Potenzial und eine Herausforderung! Vielleicht ist es sogar so, dass es immer Menschen gibt, die Entwicklungen für unmöglich erklären und damit genau die Menschen auf den Plan rufen, die endlich diese Begrenzung durchbrechen wollen.

Nun weiß ich nicht, ob in Ihrem Leben gleich die Schallmauer durchbrochen werden muss, aber Mauern gibt es genug. Also seien Sie achtsam, lassen Sie sich nicht einmauern, sondern denken Sie immer daran, hinter dem »unmöglich« liegt womöglich die Chance für großes Gelingen!

Leichtes Reisegepäck auf dem Weg zur Delle: 10 Goldene Regeln

Haben Sie jetzt Lust auf eine Reise durch Ihr eigenes Universum, um an der einen oder anderen Stelle eine Delle in dasselbe zu hauen? Als leichtes Gepäck für Ihre Reise gebe ich Ihnen 10 Goldene Regeln mit, die Sie gebrauchen können und die Ihnen helfen werden – bei Anwendung!

1. Goldene Regel: Finde heraus, wie es geht!

Viele kennen das folgende Phänomen: Jemand hat eine Idee, wie man ein Problem oder eine Aufgabe lösen oder ein Verfahren noch besser in den Griff bekommen könnte – und was geschieht? Es wird zunächst erst einmal erklärt, dass diese Idee ja nun auf gar keinen Fall funktionieren könne – weil …

Mit ein wenig Spott könnte man behaupten, es sei in Deutschland Volkssport, den anderen sofort zu erklären, warum etwas *nicht* geht! Es gibt viele Beispiele aus der Politik, dem Finanzwesen, dem gesellschaftlichen Leben und am Arbeitsplatz, wo dieses gegenseitige Erklären zur Hauptbeschäftigung mutiert ist! Womöglich ist es Ihnen auch schon passiert, dass eine gute Idee von Ihnen bereits im Keim erstickt wurde.

Es gab einmal einen Professor Kirchhof aus Heidelberg, den man gebeten hatte, einen Vorschlag auszuarbeiten, wie man das Steuersystem in Deutschland vereinfachen könnte. Dieser Paul Kirchhof ist ehemaliger Richter am Bundesverfassungsgericht, Inhaber eines Lehrstuhles für Staatsrecht in Heidelberg und ein ausgewiesener Experte in Sachen Steuerrecht. Man hatte schlicht und einfach einen der besten Köpfe in Deutschland, eine Koryphäe, um eine Idee gebeten.

Dann machte er einen Vorschlag. Vereinfacht ausgedrückt: Maximaler Steuersatz 25 Prozent. Nicht mehr 7 verschiedene Einkommensquellen, sondern nur noch eine. Wegfall aller Steuersubventionen oder Ausnahmeregelungen.

Die Hölle, die dann losbrach sollte dazu führen, dass kein ernstzunehmender Mensch jemals der deutschen Regierung wieder einen Vorschlag machen wird. Niemand kam auf den Gedanken zu sagen. »Herr Professor Kirchhof, bitte erklären Sie einmal Ihre Idee ausführlich.«

Ach, auch noch ein Wort zu Ihnen! Wie oft haben Sie beim Lesen dieses Buches gedacht: »Tolle Idee – geht leider nicht!« Sehen Sie, wahrscheinlich ist es sehr schwer, dieser Anfangsidee zu folgen, immer erst einmal herauszufinden, nicht ob, sondern *wie* etwas gehen könnte.

Wenn wir schon von der Delle im Universum reden, dann kann das gut sein, dass nicht jede Delle gelingt, vielleicht bleibt gerade mal ein Kratzer – na und! Dann bleiben Sie eben so lange mit Ihrer Idee unterwegs, bis es so richtig gekracht hat!

2. Goldene Regel: Nutze jede Gelegenheit zur Inspiration!

Immer mehr vom Gleichen ist ebenso falsch wie das immer Gleiche, weil bekannt oder bewährt. Wer so denkt und womöglich auch handelt, der verschenkt die Chance, in einem vorhandenen Gelingensfeld die Wachstumspotenziale zu sehen. Er verschenkt aber auch die Chance, neue Gelingensfelder überhaupt zu entdecken.

Ich habe für Sie eine Frage: Wann haben Sie das letzte Mal etwas wirklich Neues gelernt? Gemeint ist damit nicht eine Weiter- oder Fortbildung. Gemeint ist das Erlernen von etwas, wobei Sie auf keinerlei Erfahrung oder Basiswissen zurückgreifen konnten. Praktisches Beispiel: Als ich mit 60 Jahren meinen Pilotenschein machte, war das so eine Erfahrung. Ich musste ein Wissensgebiet komplett neu erlernen, ohne auf irgendeine Ressource zurückgreifen zu können, wenn man mal von den Grundrechenarten absieht. Alles andere, Navigation, Meteorologie oder Flugtechnik war komplett neu – vom Fliegen selbst einmal abgesehen. Und am Ende der Maßnahme? Ich hatte nicht nur einen Pilotenschein erworben, die dazu notwendigen theoretischen und praktischen Prüfungen bestanden, sondern ganz nebenbei auch ein unglaubliches Gehirntraining absolviert.

Und vieles, was ich als Pilot ein paar 100 Meter über dem Grund gelernt, erlebt und entdeckt habe, hat meinen Blick auf viele Dinge des Lebens deutlich erweitert. Deshalb: Wer seine Neugierde verliert, verliert seine Zukunft.

Ein weiteres Beispiel: Da war eine junge Frau, die nichts in ihrem Leben so sehr hasste, wie Wasser im Gesicht! Der überraschten Familie erklärte sie eines Tages, dass sie nun Tauchunterricht nehmen würde, mit der Begründung: »So lange ich das nasse Gesicht nicht mag, wird mir eine ganze Welt verschlossen bleiben!« Tatsächlich, ihre Fotoreisebücher und Unterwassererlebnisse in den nächsten Jahren waren so faszinierend, dass nach ihren Berichten immer ein neidvolles, aber anerkennendes Nicken blieb.

3. Goldene Regel: Mach endlich deinen Traum wahr!

In einem Seminar in Nürnberg erzählte ich eine Geschichte von Michelangelo. In dieser geht es darum, dass Michelangelo, als er im Hause der Medici lebte, tun und lassen konnte, was er wollte – und außerdem lagen jeden Freitag noch 3 Goldmünzen auf seinem Waschtisch. Frage an die Seminarteilnehmer: »Was würden Sie tun, wenn Sie machen könnten, was Sie wollten und es wäre für Essen, Trinken und Wohnen gesorgt?« Da antworte ein Herr spontan: »Dann hätte ich ein Studio und würde malen!« Meine Frage: »Wie alt sind Sie?« – »65.« – »Was machen Sie hier?«

In der nächsten Pause kam dieser Mann zu mir, um sich zu verabschieden.

Was soll denn noch passieren, bis jemand endlich anfängt, sein geträumtes Leben zu leben? Wer heute 65 Jahre alt ist, der hat eine statistische Lebenserwartung von noch ungefähr 8 Jahren vor sich.

Darum geht es: sich rechtzeitig, besser noch, immer wieder die Frage zu stellen, welchen Traum man denn in seinem Leben leben möchte. Hier öffnet sich ein unglaublich großes und erfüllbares Gelingensfeld!

Vielleicht haben Sie manchmal den Eindruck, dass die großen Erfolgsgeschichten dieser Welt immer von genauso großartigen und besonderen Menschen geschrieben werden. Doch das ist falsch, der Eindruck verdreht die Tatsachen. Zu Beginn ihres Weges waren diese Menschen immer – ich wiederhole: immer – ganz normale Leute, häufig genug sogar schüchtern, verklemmt, wurden unterschätzt, kamen mit sich selbst nicht zurecht, hielten sich in jedem Fall für völlig normal. Doch dann haben diese Leute etwas getan, was eben nicht »normal« war: Sie haben etwas unternommen, was in jedem Fall eine Delle ins Universum schlug – und deshalb hält man sie heute für außergewöhnliche Leute!

4. Goldene Regel: Befreie dich selbst!

Stellen Sie sich folgende Szene vor: In einer stockfinsteren Nacht wankt ein sturzbetrunkener Typ um eine Litfaßsäule und ruft lallend: »Hicks … Hilfe … ich bin eingemauert!« Versetzen Sie sich mal in die Lage dieses Menschen. Wenn man nichts sieht und die Wahrnehmung auch noch gestört ist, dann kann schnell dieser Eindruck entstehen.

So, wie hilft man denn nun so einem armen Tölpel? Durch den Hinweis etwa: »Dreh dich um – dann bist du frei!« Unser betrunkener Held wird schnell merken, wenn er auch nur eine Hand von der Litfaßsäule löst, dass dann seine Situation instabil wird. Also bloß nicht loslassen – und außerdem ist das alles gar nicht so schlimm, denn er lebt schließlich in »stabilen« Verhältnissen.

Im richtigen Alltag sind die Menschen natürlich nicht täglich betrunken, halten sich allerdings für »eingemauert«. Und so hört sich das dann an:

»Ich bin unglücklich – aber das bin ich schon so lange!«
»Ich bin so dick – aber Diät macht keinen Spaß!«
»Ich habe eine olle Karre – die hat aber noch zwei Jahre TÜV!«
»Mein Chef ist ein A… – aber ich habe wenigsten einen Job!«
»Mein Partner ist fies – aber ich bin wenigstens nicht alleine!«

Sollten Sie solche oder ähnliche Sätze sagen, verkünden oder denken, dann habe ich eine einfache Nachricht für Sie: Niemand kommt, um Sie zu befreien! Das müssen Sie schon selbst hinkriegen!

Wie das gelingt? Also, wenn klar ist, dass niemand kommt, der das tut, was getan werden muss, nämlich Entscheidungen treffen oder Position beziehen, dann bleibt Ihnen doch nur die Wahl, das zu ertragen, was Sie sich da eingebrockt haben, oder Sie ändern die Dinge einfach selbst!

Wenn Sie unglücklich sind – woran liegt es? Richtig: wor*in* liegt es? Genau: *in* Ihnen!

Ihnen gefällt Ihre Figur nicht – dann überprüfen Sie Ihr Essverhalten.

Nur weil Ihre Rennsemmel noch TÜV hat, gönnen Sie sich kein schönes Auto? Was sind Sie denn für ein Geizhals!

Wenn Ihr Chef so eine Type ist und Sie nicht sofort kündigen, dann haben Sie auch keinen besseren verdient!

Ihr Partner ist 'ne fiese Möpp? Man kann auch alleine unglücklich sein! Das ist längst nicht so anstrengend!

Also: Wenn Sie eine Delle ins Universum hauen wollen – hier haben Sie einen Haufen Gelegenheiten zum Üben! Schließlich könnte schon eine einzige positive Veränderung aus den Beispielen Ihre persönliche Delle sein!

5. Goldene Regel: Raus aus der Geisterbahn!

Ob auf dem Münchner Oktoberfest, Hamburger Dom, Bremer Freimarkt, Stuttgarter Waasen oder Schützenfest in Hannover, immer sind Achter- und Geisterbahn die angesagtesten Fahrgeschäfte. Warum? Die Festbesucher lieben das Gruseln! Entweder, weil es so spektakulär rauf und runter geht, oder weil man sich eben so schön erschrecken kann! Das Dumme ist in jedem Fall die Tatsache, dass nach dem Ende der Sause die Fahrgeschäfte wieder eingepackt werden. Doch die Leute fürchten sich so gerne. Was tun?

Ganz einfach: Zeitung lesen, Radio hören, Fernsehen. Kollektives Fürchten zu jeder vollen Stunde! Wenn eine alte Dame laut verkündet: »Mein Gott, der Dax! Wohin soll das noch führen ... ?« kann man beruhigt fragen: »Haben Sie denn Aktien?« – »Nein, natürlich nicht ... !« Kapiert? Völlig unbeteiligt wird sich mitgefürchtet!

Bevor Sie die Zeitung abbestellen, das Radio zertrümmern und den Fernseher aus dem Fenster werfen, lassen Sie uns einen kleinen Augenblick überlegen; denn die Nachrichtenlage können weder Sie noch ich ändern. Was wir entscheiden können, ist die Art, wie wir für ein seelisches Gleichgewicht sorgen, damit uns die einseitige Nachrichtenlage nicht völlig aus der Bahn wirft.

Stellen Sie sich doch einmal vor, was mit Ihrer kleinen Seele geschieht, wenn dort Tag für Tag, Monat für Monat und schließlich Jahr für Jahr ein ständiger Hagel von schlechten Nachrichten draufprasselt. Das wird nicht ohne Folgen bleiben! Und es spielt überhaupt keine Rolle, ob die Nachrichten groß oder klein sind.

Das ist wie mit einem Wasserglas. Füllen Sie ein beliebiges Wasserglas nur zur Hälfte. Wenn Sie jetzt Ihre Hand ausstrecken, das Glas auf die Handfläche stellen, um es zu halten, kein Problem, oder? Können Sie das Glas 5 Minuten so halten? Auch kein Problem. Was ist nach einer Stunde? Jetzt merken Sie, dass das »Gewicht« dieses kleinen Wasserglases deutlich zugenommen hat! Und nun können Sie sich sehr gut vorstellen, dass Sie nach ein paar Stunden spätestens unter dem »Gewicht« dieses kleinen Wasserglases regelrecht zusammenbrechen werden.

Es kommt also nicht so sehr auf das tatsächliche Gewicht einer Sache an, die uns belastet. Es ist vielmehr entscheidend, wie lange wir eine Belastung ertragen müssen. Und dann kann schon eine Kleinigkeit zur erdrückenden Last werden!

Hier die Empfehlung, um Ihr seelisches Gleichgewicht zu halten: Suchen Sie ganz gezielt nach Dingen und Ereignissen, die Sie erfreuen. Sorgen Sie täglich – ja genau, jeden Tag – dafür, dass es etwas gibt oder etwas geschieht, das Sie erfreut. Und wenn Ihnen wieder einmal überhaupt nichts einfällt, dann machen Sie eben einem anderen Menschen eine Freude! Es muss ja nicht gleich wie im Werbefernsehen zugehen …

6. Goldene Regel: Freue dich auf dein Gegenüber!

Jeden Morgen beginne ich den Tag damit, mich auf die Ereignisse zu freuen, die an diesem Tag vor mir liegen. Da diese Ereignisse fast immer mit Menschen in Verbindung stehen, freue ich mich bereits am frühen Morgen – noch bevor ich das Bett verlassen habe – auf die Menschen, die ich treffen, wiedersehen oder kennenlernen werde!

Das können Sie doch auch! Was glauben Sie, wie herzlich Ihre Wahrnehmung ist, wenn Sie dann diesen Menschen begegnen!

An dieser Stelle mag es überraschend sein, wenn ich darauf hinweise, dass die Delle im Universum keine Frage der Größe oder der Wucht ist. Diese Delle entsteht auch durch sanftes Berühren. Achten Sie auf den Satz: Wer die Seele eines anderen berührt, betritt heiligen Boden!

7. Goldene Regel: Mut zum Risiko – Du stirbst sowieso!

Der tibetische Meister und Buchautor Sogyal Rinpoche schreibt in seinem Buch *Das tibetanische Buch vom Leben und Sterben*:

»Wenn Sie Angst vor dem Sterben haben, habe ich eine gute Nachricht für Sie: Ich kann Ihnen garantieren, dass Sie alle erfolgreich sterben werden!«

Und der Gesundheitsexperte Slatco Sterzenbach verwendet in seinen Vorträgen einen wirklich verblüffenden Satz: »Sie werden Ihren Körper nicht lebend verlassen!«

Ja, wenn das so ist, dann sollten wir damit doch unseren Frieden machen. Und darüber nachdenken, wie uns der Tod gelingen könnte. Eine erste Vermutung sei hier erlaubt: Ein gelungenes Leben scheint eine gute Voraussetzung für den gelingenden Tod zu sein.

Jetzt zum Risiko. Was würden Sie tun, wenn Sie wüssten, dass das, was Sie vorhaben, in jedem Fall gelingt? Sie wollen darüber ein bisschen nachdenken? Gerne, ich warte …

Viele, die sich selbstständig machen, berichten später, wenn sie gewusst hätten, wie schön das Gefühl war und wie leicht doch dieser Schritt im Nachhinein gewichtet wurde, dann hätten sie sich schon viel früher in die Selbständigkeit begeben.

Wenn es um das Gelingen geht und die Angst sich meldet, dann ist das die Angst vor Verlust.

Es gibt natürlich Tausend verschiedene Ängste, aber nur drei sind wichtig:

1. Die Angst, das Leben zu verlieren.
   Diese Angst ist überflüssig. Sie werden Ihr Leben nur verlieren, wenn Sie sich selbst verlieren. In jedem

anderen Fall wird Ihr Leben enden, vielleicht als ein gelungenes!

2. Die Angst, die Liebe eines Menschen zu verlieren.
   Verschenken Sie Ihre Liebe. Ohne Bedingung. Liebe ist kein Geschäft auf Gegenseitigkeit. Liebe ist keine Kosten- Nutzen-Rechnung. Die Angst verliert ihren Schrecken.

3. Die Angst, Besitz zu verlieren.
   Es stimmt, jede Form von Besitz macht Sie unfrei. Eigentlich paradox: Sie besitzen ein Haus, eine Lebensversicherung und ein Geldvermögen – und haben Angst, dass Sie es verlieren könnten. Machen Sie Ihren Frieden, es ist nichts wert!

Margot Käßmann hat in ihrer Rücktrittserklärung einen Satz gesagt, der Sie täglich ermuntern kann, an Ihrem Gelingen niemals zu zweifeln: »Du kannst nie tiefer fallen als in Gottes Hand!«

8. Goldene Regel: Genieße die Ungewissheit!

1976 zeigte das ZDF in der Science-Fiction-Serie *Das blaue Palais* die Episode »Die Unsterblichkeit«. Erzählt wird die Geschichte von Menschen, die wussten, dass sie ab sofort unsterblich sein würden. Was sollte man bei einer solchen Nachricht erwarten? Erleichterung? Eine komplette neue Lebensplanung?

Die Unsterblichkeit konnte nur durch einen Unfall außer Kraft gesetzt werden. Und der Film von Rainer Erler erzählt nun, wie die Menschen, die angeblich unsterblich waren, Angst bekamen, an einem Unfall zu sterben. Ergebnis in Kurzform: Sie verließen noch nicht einmal mehr ihre Zimmer!

Da niemand wissen kann, wie unsere Zukunft aussieht oder was sie ausmachen wird, sollten wir diesen Tatbestand genießen! Klar sollen Sie auch weiterhin Horoskope lesen – aber glauben Sie nur an die guten; allein das lohnt sich und macht fröhlich.

Sollten Sie mir jetzt ernsthafter Weise die Frage stellen: »Und was ist, wenn ich keine Delle ins Universum haue?« dann wird Sie meine Antwort nicht überraschen: auch gut! Tun Sie nichts nur der Delle wegen, aber tun Sie alles, um Ihre Welt ein wenig besser zu machen!

9. Goldene Regel: Du hast die Freiheit der Wahl!

Nur unter der Voraussetzung, dass Sie geistig und körperlich gesund sind, stimmt diese Goldene Regel. Also einverstanden: Ihre Eltern konnten Sie sich nicht aussuchen!

Zu Beginn unserer Reise durch dieses Buch habe ich mit Ihnen schon einmal den Punkt besprochen, dass wir uns nie für das falsche Hobby entscheiden, wohl aber für den falschen Beruf oder Lebenspartner.

Sie bekommen dann die Freiheit der Wahl geschenkt, wenn Sie damit die volle Verantwortung für Ihr Handeln und auch für Ihr Nichthandeln übernehmen. Die Freiheit der Wahl beinhaltet auch die Freiheit der Abwahl, die Freiheit des Neins! Also keine Chancen mehr für Ausreden und langatmige Erklärungen!

Diese Freiheit ist mehr als nur ein Grundrecht.

Stellen Sie sich folgende Szene bitte vor: Sie starten in den Tag. Sie betreten das Treppenhaus und müssen sich jetzt entscheiden: Treppe runter oder Treppe rauf? Auf der Treppe, die nach unten führt, steht der Satz: »Der Tag wird schwierig!« Auf der nächste Stufe: »Wahrscheinlich sogar sehr schwierig!« Dann folgt auf der nächsten Stufe der Hinweis: »Denke daran, gestern war auch schon so ein schwieriger Tag!« Und sobald es tatsächlich schwierig werden sollte folgt prompt der Hinweis: »Ich hab's doch gewusst ...!«

Auf der Treppenstufe, die nach oben führt, lesen Sie den Satz: »Dieser Tag bringt Chancen!« Und schon auf der nächsten Stufe ist zu lesen: »Das könnte ein verdammt guter Tag werden!« Sie springen voran: »Freu dich drauf!« Und schon auf der nächsten Stufe die nächste Nachricht: »Es wird dir gelingen!«

Wie werden Sie sich entscheiden? Viele Menschen wählen den bequemen Weg in den Keller, wo sie dann auf ihre Nachbarn und Freunde treffen. Wenige Menschen entscheiden sich für den Weg nach oben – denn obwohl vorausgesagt wird, dass der Tag Chancen bietet, könnte es ja anstrengend werden.

Was Sie erkennen sollen, ist simpel: Niemand ist gezwungen, die Treppe nach unten zu gehen. Wenn Sie eine Delle ins Universum hauen wollen, dann treffen Sie jetzt die richtige Wahl: »Das ist mein Tag!« und rauf die Treppe!

10. Goldene Regel: Lach die Welt an!

Es ist die schönste aller Gelingens-Ideen. Lassen Sie uns doch versuchen, dass uns 3 Dinge gleichzeitig gelingen: gesund, reich und glücklich zu sein!

Einigermaßen gesund zu leben, gelingt vermutlich dann besonders gut, wenn man sich täglich ein wenig bewegt, wahrscheinlich reichen 30 Minuten strammes Marschieren, Hauptsache es strengt Sie etwas an.

Auch die Sache mit dem Reichtum scheint einfach zu sein. Wir Menschen sind in uns so unglaublich reich, dass jede Form von Geiz und Gier geradezu lächerlich wirken muss! Beginnen Sie damit, das zu verschenken, was Sie selbst am wenigsten haben: Zeit! Wem könnten Sie einmal Zeit schenken?

Wie wäre es, wenn Sie Ihren Kindern vorbehaltlos Zeit schenken würden? Durch ruhiges Hinhören. Ohne nerviges Fragen »Wie wars in der Schule?«. Lebt Ihr Vater noch? Na dann – wie wäre es mal mit einem schönen Kneipenbesuch, wo sie sich beide einen zwitschern? Jetzt sagen Sie nicht, sein Gesundheitszustand ... Vielleicht macht das Leben in diesem Moment eine Ausnahme und Sie beschenken tatsächlich Ihren Alten Herrn!

Kann es gelingen, glücklich zu sein? Kinder würden diese Frage keinesfalls stellen. Sie wissen davon. Nicht ohne Grund kann man behaupten, dass Kinder knallharte Egoisten sind. Ihr Egoismus hat keineswegs die Absicht, anderen zu schaden. Es ist nur der konsequente Lebenswille zum Glücklichsein, der Kinder egoistisch erscheinen lässt. Was Sie als Erwachsener aber hinkriegen können, ist die Lebenskunst zu entdecken, dass persönliches Glück allein dadurch möglich wird, dass es völlig ausreicht, einem anderen Menschen Glück zu schenken. Bedingungslose Zuwendung ist der einfachste Weg.

Die besondere Schwierigkeit bei diesen 3 Punkten liegt darin, dass wir uns immer nur vorstellen können, dass bestimmte Kombinationen funktionieren, aber nicht alle 3 Punkte gleichzeitig. Gesund und reich – aber dann bitte richtig unglücklich. Oder – reich und glücklich – doch dann zur Strafe sterbenskrank! Glücklich und gesund – warum nicht – aber nur dann, wenn gleichzeitig bettelarm.

Stellen Sie sich doch bitte vor, was das für ein Leben wäre, in dem wir gesund *und* reich *und* glücklich sind!

In diesem Buch habe ich für jeden einzelnen Leser einen einzigen besonderen Satz versteckt. Vielleicht haben Sie den Ihren schon gefunden – wenn noch nicht, suchen Sie weiter. Der Satz ist da. Mit diesem Satz wird Ihnen das Versprechen auf der Titelseite des Buches gelingen: »Wie alles gelingt, was Ihnen wichtig ist! Hau eine Delle ins Universum!«

DANKE

An jedem Buch sind immer viele Menschen beteiligt, mit ganz unterschiedlichen Beiträgen. Denen sei „Danke!“ gesagt.

An erster Stelle möchte ich mich bei meiner Frau Ille für ihre Geduld und ihren immer kritischen Verstand bedanken! Auch sie hat sich nie davon abhalten lassen, an die Größe des Universums zu glauben.

Meinen herzlichen Dank schulde ich Hansjürgen Schubert, der mich als ratgebender Kollege für das Vorantreiben des Themas Gelingen unaufhaltsam motivierte. Die Kompassnadel zum Kurs durchs Universum kam von ihm.

Meine Lektorin Bettina Traub war eine wundervolle Wegbegleiterin. Das Universum wurde durch sie beherrschbar.

Das Buchcover wurde von Hauptmann & Kompanie in Zürich gestaltet. Was für eine wundervolle Idee: Bevor es im Universum so richtig knallt, lesen wir erst einmal ganz entspannt ein Buch!

Nicht vergessen will ich diejenigen, denen ich in jahrelangem Erzählen mit dieser Buchidee fast den Nerv getötet habe. Doch es war erforderlich, bis die einzelnen Gedanken saßen.

LITERATURHINWEISE

Appleby, Joyce: Die unbarmherzige Revolution. Murmann, Hamburg, 2011.

Assig, Dorothea / Echter, Dorothee: Ambition. Campus, Frankfurt, 2012.

Botton, Alain de: Freuden und Mühen der Arbeit. S. Fischer, Frankfurt, 2012.

Bradshaw, John: Das Kind in uns. Droemer Knaur, München, 2000.

Bratning, Peter: Auf dem Weg mit dem Inneren Kind. Kreuz-Verlag, Freiburg, 2012.

Chopich, Erika J. / Paul Margret: Aussöhnung mit dem inneren Kind. Ullstein, Berlin, 2011.

Cutler, Howard C. / Dalai Lama: Die Regeln des Glücks, Bastei Lübbe, Bergisch Gladbach, 2004.

Doran, G. T. Management Review.

Egger, Anna: Erzählbar. 111 Top-Geschichten für den professionellen Einsatz in Seminar und Coaching. Managerseminare, Edition Training aktuell, Bonn, 2011.

Furmann, Ben: Es ist nie zu spät, eine glückliche Kindheit zu haben. Borgmann, Dortmund, 1999.

Galuska, Joachim: *Wirtschaft + Weiterbildung*, 07/08 2012.

Günter F. Groß: Beruflich Profi! Privat Amateur? Mi-Wirtschaftsbuch, 2005.

Herzberg, Frederic: The Motivation to Work. Transaction Publishers, 1993.

Heuser, Isabell: Interview in der Zeitschrift Brigitte, Ausgabe 25/2012, S.125.

Hüther, Gerald: Was wir sind und was wir sein könnten. S. Fischer, Frankfurt, 2012.

Izzo, John: Die fünf Geheimnisse, die Sie entdecken sollten, bevor Sie sterben. Goldmann, München, 2010.

Kaminski, André: Nächstes Jahr in Jerusalem. Suhrkamp, Berlin, 1988.

Kienbaum-Studie: www.kienbaum.de/desktopdefault.aspx/tabid-501/649_read-11761/

Köhler, Hans-Uwe L.: Musashi für Manager. Econ, Düsseldorf, 1986.

Köhler, Hans-Uwe L.: Arbeiten. Aber wie? Bitte! Gabal, Offenbach, 2004.

Maslow, Abraham: Motivation und Persönlichkeit. S. Fischer, Frankfurt, 1994.

Musashi, Miyamoto: Das Buch der fünf Ringe. Econ, Düsseldorf, 1983.

Jan-Emmanuel De Neve, University College London, *Studie, SZ, 20.11.12, S.16.*

Riffkin, Jeremy: Das Ende der Arbeit. S. Fischer, Frankfurt, 2005.

Rinpoche, Sogyal: Das tibetanische Buch vom Leben und Sterben. Knaur, München, 2010.

Roam, Dan: Auf der Serviette erklärt. Redline, München, 2012.

Schirm, Rolf W.: Evolution der Persönlichkeit – Die Grundlagen der Biostrukturanalyse. IBSA, 2011.

Sprang, Christian / Nöllke, Matthias: Aus die Maus. KiWi, Köln, 2010.

Süddeutsche Zeitung, Ausgabe 13. Dezember 2011.

Süddeutsche Zeitung, Ausgabe 16. Juli 2012.

Süddeutsche Zeitung, *Streiflicht,* Ausgabe 10. Oktober 2013.

Weber, Max: Wirtschaft und Gesellschaft. Mohr Siebeck, 2000.

Wiseman, Richard: Wie Sie in 60 Sekunden Ihr Leben verändern. S. Fischer, Frankfurt, 2012.

REGISTER